Rainer Krettek

Das große Buch der Henna Tattoos

SÜDWEST

Inhalt

Für viele Menschen der Ausdruck eines Lebensgefühls: das Tattoo

Das Mehndi-Ritual hat neben der kosmetischen auch große soziale Bedeutung.

Die häufigsten Fragen zu Mehndi

Was tun, wenn... Auf die häufigsten Fragen gibt es kompetente Antworten.

Vorwort

Indische Damen bei der Morgentoilette (Miniatur um 1760).

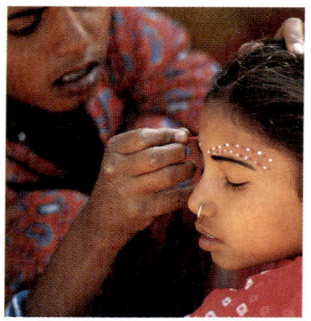

Ein Mädchen aus Rajasthan lässt sich für ein Fest schmücken.

Mehndi ist eine alte nordafrikanische und indische Kunst, die sich aufgemacht hat, den Westen zu erobern. Und kaum eine Kunstform hat in den letzten Jahren so viele Anhänger gefunden wie Mehndi.

Obwohl die Kunstfertigkeit der Mehndi-Malerei im Orient seit Jahrtausenden praktiziert wird, war sie im Westen bisher kaum bekannt. Wie so oft lenkten erst Popikonen, wie Madonna und Prince, die Aufmerksamkeit auf diesen besonderen Körperschmuck.

Ich selbst habe viele Jahre immer wieder den Wunsch gehabt, meinen Körper mit Ornamenten zu verzieren – als Ausdruck einer bestimmten Stimmung oder eines bestimmten augenblicklichen Gefühlszustandes. Handelsübliche Körperfarbe bot mir eine Möglichkeit dazu. Sie hatte jedoch den Nachteil, dass sie sich durch Schweiß und Wasser schnell wieder abfärbte und deshalb nur für ein paar Stunden auf der Haut blieb.

Permanente Tattoos kamen nicht in Frage. Schließlich sollte der Körperschmuck nur einem momentanen Gefühl Ausdruck verleihen und mich nicht für immer zieren. Ich gehöre zu den Menschen, die es vorziehen, je nach Stimmung oder Anlass eine neue Ausdrucksform wählen zu können. Erst mit Mehndi entdeckte ich eine völlig neue Dimension der Körperbemalung. Im Gegensatz zum Tattoo ist es völlig schmerzfrei. Außerdem bleibt die Mehndi-Malerei nur einige Wochen auf der Haut sichtbar.

Viele Gründe bewegen Menschen dazu, sich tätowieren zu lassen. Egal ob die Tätowierung dem eigenen Körperbewusstsein, der Zugehörigkeit zu einer bestimmten Gruppe oder auch nur einer momentanen Laune Ausdruck verleihen soll: In jedem Fall verknüpft

sich mit dem Körperschmuck auch der Wunsch nach einem ganz individuellen Ausdruck der eigenen Persönlichkeit.

Mehndi bietet uns nun eine neue Art, unseren eigenen Körper oder den Körper unserer Freunde und Partner zu entdecken. Aus eigener Erfahrung weiß ich jedoch, dass viele Menschen anfangs Hemmungen haben, die Paste in die Hand zu nehmen und mit dem Malen zu beginnen. Das Wunderbare an Mehndi ist aber gerade, dass man Fehler machen darf. Man kann so viel üben, wie man möchte – spätestens nach drei Wochen sind alle Zeichen verblasst. Erste Versuche an versteckten Körperstellen, wie Füße und Oberschenkel, führen bald zum Erfolg. Auch Schablonen können hilfreich sein, die Scheu zu überwinden mit Henna zu malen.

Dieses Buch soll motivieren, den Körper auf eine ganz neue Art zu entdecken. Es soll die Traditionen vermitteln, aus denen Mehndi sich entwickelt hat, aber auch dazu führen, diese Traditionen mit neuen Inhalten und Symbolen zu füllen. Ich hoffe dem Anfänger alle Fragen beantworten zu können, die ihn bisher davon abgehalten haben, seinen Körper mit Mehndi zu schmücken. Fortgeschrittene erhalten in diesem Buch viele Anregungen, um ihre Technik zu verfeinern, und sich mit neuen Motiven vertraut zu machen.

Viel Spaß!

Da nur die oberste Hautschicht mit Farbe verziert wird, kann man die Haut auch immer wieder anders schmücken. Für jede Gelegenheit gibt es ein passendes Mehndi, das man sich auf die Haut malen kann.

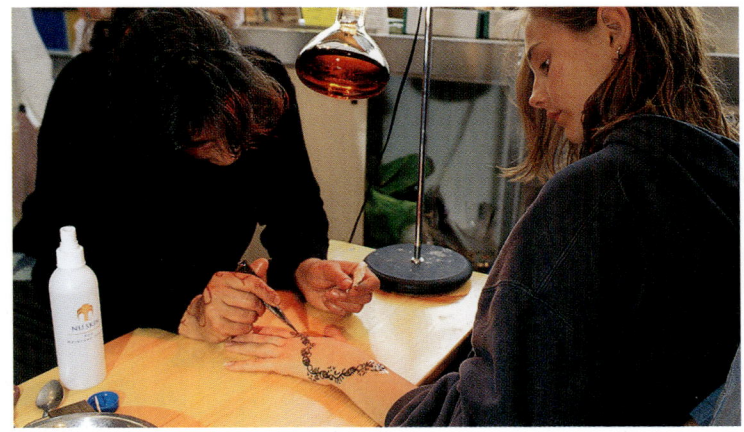

Auch bei uns gewinnt die Hennakunst immer mehr Anhänger. In vielen Tattoo-Studios kann man sich mit kunstvollen Mehndis verzieren lassen.

Kleine Kulturge- schichte der Körperbemalung

Die Körperbemalung ist die ursprünglichste Form des künstlerischen Ausdrucks und der menschlichen Selbstdarstellung. Die Art des Körperschmucks ist dabei so vielfältig wie die verschiedenen Völker selbst und wichtiges Zeugnis für die kulturelle Entwicklung der Menschheit.

In jeder Kultur und in jeder Epoche der Geschichte schmückten und schmücken Menschen ihren Körper und ihre Haut. Die Art der Körperbemalung, die verwendeten Materialien und Farben sowie die kulturelle Auswirkung und Bedeutung sind dabei äußerst vielfältig und verändern sich bis in unsere heutige Zeit beständig.

Wir können heute davon ausgehen, dass schon die ersten Menschen ihren eigenen Körper für künstlerische, magische und rituelle Zwecke mit den unterschiedlichsten Farbstoffen und Techniken verzierten. Der Mensch nutzte die Möglichkeit, seine naturgegebene Gestalt bewusst, sinnvoll, kreativ und einzigartig mit äußeren Mitteln zu verändern.

In den ursprünglichen Anbauländern des Hennastrauches, in Nordafrika, dem mittleren Osten und in Indien, machen sich die Menschen die kühlende Wirkung von Henna seit Jahrhunderten zunutze. So bestreichen die Frauen der nordafrikanischen Berberstämme ihre Handflächen und Fußsohlen mit Hennabrei, um weniger zu schwitzen.

Körperbemalung im Alltag

In der langen Geschichte der Körperbemalung spielten praktische Gründe eine nicht unwichtige Rolle. Im Krieg oder bei der Jagd sollte der bemalte Körper scheinbar mit der Umgebung verschmelzen, um so den Gegner oder die Beute überzeugend zu täuschen. Andere farbige Bemalungen wieder sollten den Feind erschrecken und in die Flucht schlagen.

Wir wissen, dass viele Tiere regelrechte Spezialisten auf dem Gebiet des Tarnens und Täuschens sind. Es gibt Insekten, die aussehen wie Blätter oder Schmetterlinge, von deren Flügeln den Feind zwei riesige »Augen« ansehen. Das für seine Anpassungsfähigkeit wohl bekannteste Tier ist das Chamäleon, das je nach Umgebung blitzartig seine Farbe ändern kann. Aber nicht nur die Tiere dieser Erde, auch der Mensch hat sich die Kraft der Farben zu Nutze gemacht, um seine natürliche Gestalt völlig zu verändern.

In einigen Regionen der Erde haben sich die Menschen auch deshalb mit Pflanzenfarben bemalt, da durch den Geruch Insekten abgewehrt wurden. Wieder andere Farben senkten die Körpertemperatur. Auch wenn die Körperbemalung bei diesen Volksstämmen in erster Linie praktische Gründe hatte, entwickelte sich doch mit der Zeit eine eigene Kunstgattung.

Rituelle Körperbemalung und sozialer Rang

In den meisten Kulturen wurde und wird die Körperbemalung vor allem bei rituellen und religiösen Anlässen angewandt.

Bei vielen Völkern gehen die Bemalungen einher mit Heilungszeremonien. Durch bestimmte Farben und Symbole sollen nicht nur Heilkräfte in Gang gesetzt werden, sie lassen dem Patienten auch magischen Schutz zuteil werden. Schamanen wissen durch jahrhundertealte Überlieferungen um Kraft und Wirkung der Farben und beziehen sie gezielt in ihre Rituale ein. Solche Ri-

Wegen ihrer kühlenden und aseptischen Wirkung wurde in vielen alten Kulturen Hennapaste auch wie eine Wundsalbe auf Schnitt- und Brandwunden gestrichen. Auch heute noch kann eine Salbe aus dem Sud zerstoßener Hennablätter die Heilung kleiner Verletzungen beschleunigen.

Von links nach rechts: Teilnehmer eines Bororo-Heiratswettbewerbs (Nordafrika), ein Medizinmann vom Stamm der Kikuyu (Kenia) und ein junger Massai mit eigenwilligem Kopfschmuck (Tansania).

In den meisten Kulturen war die alltägliche Körperverzierung umso größer und ausgefallener, je höher der Rang und das soziale Prestige der Person war. Vor allem reich verzierte Frauen hatten bei der Partnerwahl größere Chancen, da sie eine höhere Mitgift versprachen.

tuale sind zum Beispiel Initiationsriten, Erntedankfeste, Fruchtbarkeitsrituale, Jahreszeitenwechsel und Trauungen.

Von jeher verwendete man Bemalungen und Tätowierungen aber auch dazu, Rangordnungen innerhalb eines Stammes oder einer sozialen Gruppe festzulegen.

Wir kennen dieses Phänomen auch aus unserem Kulturkreis. Punker, Grufties und Rocker, die sich selbst ganz bewusst ein andersartiges Aussehen geben wollen, bemalen und tätowieren ihre Haut, um sich so ganz deutlich von ihrer Umwelt abzugrenzen.

Auch Schauspieler – egal ob beim Theater oder beim Film – wissen um die Wirkung der Körperbemalung. Schminke und Farbe verhelfen dem Künstler, in eine andere Identität zu schlüpfen und bestimmte Ausdrucksformen zu verstärken oder abzuschwächen.

Unserem westlichen Blick mag vieles ungewöhnlich und vielleicht auch unverständlich erscheinen. Dies hängt vor allen Dingen damit zusammen, dass wir seit vielen Generationen die Körperbemalung fast ausschließlich dazu nutzen, unsere sexuelle Attraktivität zu steigern. Die Umsätze der Kosmetikindustrie beweisen auf eindrucksvolle Art, wie stark auch heute noch an die positive Wirkung der Farben geglaubt wird.

In beinahe allen anderen Bereichen hat die westliche Kultur die Körperbemalung aus ihrem Leben verbannt. Viele Rituale, die ihren Ursprung in alten Traditionen haben, sind zu profanen Bräuchen verkommen. Das wohl bekannteste Beispiel ist die Freude an der Bemalung im Karneval.

Permanente und temporäre Körperbemalung

Wir können zwei wesentliche Gruppen von Körperbemalungen unterscheiden. Zum einen die permanenten, also bleibenden Malereien, zum anderen die temporären, also vergänglichen Formen, die nur eine bestimmte Zeit zu sehen sind.

Tätowierungen und Narbenornamentik sind die häufigsten Erscheinungsformen der permanenten Hautgestaltung. Vor allen Dingen auf den polynesischen Inseln hat die Kunst des Tätowierens eine weite Verbreitung gefunden. Die Narbenornamentik war dagegen besonders in Afrika verbreitet.

Temporäre Körperbemalung hat im Gegensatz zum »echten« Tattoo den Vorteil, dass man die Haut immer wieder neu schmücken kann. Die Anzahl der Techniken und Farben, mit denen sich die Haut gestalten lässt, sind unendlich groß. In den meisten Fällen werden jedoch mineralische Farbpigmente oder Farbstoffe bestimmter Pflanzen verwendet. Letztere werden auch für die jahrhundertealte Tradition der Mehndis verwendet.

Viele vergängliche Körpermalereien lassen sich mit Seife und Wasser wieder von der Haut waschen. Andere, wie etwa die Henna-Mehndis, verschwinden nach einiger Zeit von selbst wieder, da sich die oberste Schicht unserer Haut (Epidermis) ständig erneuert. Da die Farbe nicht in tiefere Hautschichten eindringt, wird sie mit den Hautschüppchen abgestoßen. Da es bis zu vier Wochen dauern kann, ehe sich die Haut voll erneuert hat, ist auch das Mehndi so lange zu sehen. Allerdings verblasst es mit der Zeit. Und da sich unsere Haut nicht gleichmäßig schuppt, erscheint das Mehndi zuletzt oft unregelmäßig. Jetzt kann man sich entscheiden, ob man das Mehndi erneuern will oder ob es völlig verblassen soll.

Erst die modernen Tätowiertinten erlauben auch farbige Tattoos. In den meisten Kulturen wurde Ruß in die Schnitt- oder Stichwunden gerieben, der später auf der Haut als blauschwarzes Muster zu sehen war.

Zu einer so großflächigen Tätowierung auf Rücken und Armen hat nicht jeder Mut. Mit der temporären Körperbemalung ist das kein Problem.

Henna

Der Hennastrauch gehört zur Familie der Weiderichgewächse.

Eine Tuareg beim Pulverisieren von Henna.

In Ägypten heißt es »Khenna«, in Indien »Mendee«, »Mehandi« oder »Mendee«, der arabische Name lautet »Al-Khanna«, in England spricht man von »egyptian privet« und in West-Indien von »Jamaica mignonette«. All diese Ausdrücke bezeichnen die Kunst der Körperbemalung mit einer speziell angerührten Paste aus getrockneten, zerstoßenen Hennablättern.

Die Mehndi-Kunst

In Nordafrika und Indien kennt man die Kunst der Mehndi-Malerei schon seit Jahrtausenden. Im Westen dagegen findet diese Tradition erst in der Gegenwart Anerkennung. Durch den Einfluss der westlichen Kultur entstehen neue Ausdrucksformen der Mehndi-Malerei. Schließlich ist die Körperbemalung mit Henna eine der direktesten Möglichkeiten des weltumspannenden Kulturaustausches. Jung und Alt, Männer, Frauen, Kinder und Jugendliche können diese alte, traditionelle Technik nutzen und für sich entdecken.

Viele Menschen glauben daran, dass die westliche Welt in den nächsten Jahren eine Renaissance der Körperkunst erleben wird. Mehndi wird einen nicht unerheblichen Beitrag dazu leisten.

Die Hennapflanze

Die Hennapflanze *Lawsonia inermis* wurde nach dem britischen Arzt und Botaniker John Lawson benannt, der erstmals den stark färbenden Farbstoff aus den Blättern der Pflanze wissenschaftlich nachwies. Der zwischen zwei und sieben Meter hohe, ligusterähnliche Strauch gehört zur Familie der Weiderichgewächse. Die heutigen Hauptanbaugebiete sind Indien, Nordafrika und der mittlere Osten. Besonders auffällig sind weniger seine farbkräftigen Blätter, sondern die stark duftenden Blüten. Sie wachsen in dichten Rispen und blühen in weiß, rot oder rosa. Das aus den Blüten gewonnene Öl wird traditionell zur Herstellung von Parfüm und als Hautbalsam verwendet, die zerriebenen Blätter zum Färben.

Die Farbkraft des Henna

Schon der Prophet Mohammed soll sich seinen Bart mit Henna gefärbt haben. Und auch heute noch behandeln Männer wie Frauen ihre scheinbar natürliche, dunkle und glänzende Haarpracht mit Henna. Im Orient färbt man selbst die Mähnen von Pferden zu bestimmten Anlässen mit Henna.

Wenn unsere Haare an Farbe verlieren und grau werden, liegt das in der Regel daran, dass die Haarwurzeln nicht mehr genug Melanin produzieren – ein körpereigenes Pigment, das den Haaren ihre Farbe verleiht. Henna ist ein pflanzlicher Ersatz für das schwindende Melanin. Es tönt die Haare rotbraun und wirkt darüber hinaus Schuppen entgegen.

Dass Henna nicht nur Haare, sondern auch die Haut intensiv färbt, ist dem Menschen seit Jahrtausenden bekannt. Die ältesten Spuren finden wir im alten Ägypten. Grabfunde haben gezeigt, dass die Ägypter die Fingernägel ihrer Pharaonen mit Henna rot färbten.

Auch die Hebräer kannten Henna. Sie färbten sich damit Haare, Bärte und Fingernägel. Man kann sogar davon ausgehen, dass Henna bereits in noch früheren Zeiten zur Verzierung des Körpers benutzt wurde. Da es jedoch ein vergänglicher Farbstoff ist, lassen sich alle frühzeitlichen Verwendungen nur noch erahnen.

Henna färbt das Haar nicht nur, sondern pflegt es auch. Da es nicht in das Haarinnere eindringt, wäscht es sich nach etwa vier Wochen wieder heraus.

Wie hier in Bombay schmücken auch heute noch viele indische Bräute ihre Hände mit traditionellen Mehndi-Mustern.

In Indien glaubt man, dass die Hennamalereien auch die Fruchtbarkeit steigern können. Nach einer alten Überlieferung sollen Kühe, die mit Hennablättern gefüttert wurden, mehr Kälber zur Welt gebracht haben.

Die kühlende Wirkung

Neben seiner färbenden Wirkung hat Hennapaste eine weitere Eigenschaft, die vermuten lässt, dass ihr Gebrauch bis in die Frühgeschichte der Menschheit zurückreicht: Henna hat eine ausgesprochen kühlende Wirkung.

Gerade in den Regionen, in denen der Hennastrauch ursprünglich wächst, hat man mit Sicherheit jede Möglichkeit genutzt, den Körper bei besonders hohen Temperaturen auch von außen zu kühlen. Bis in die Gegenwart werden dort während der heißen Jahreszeiten die Handinnenflächen und Fußsohlen mit Hennapaste bestrichen. Noch Tage danach empfindet man nicht nur die behandelten Stellen als deutlich kühler, die Kühle scheint auf den gesamten Körper auszustrahlen.

Die schweißhemmende und kühlende Wirkung von Hennacremes, -packungen und -lotionen haben eine jahrtausendealte Tradition. Trotzdem wissen heute nur noch wenige Menschen, dass sich auf diese einfache und natürliche Art erhöhte Körpertemperatur und vermehrte Schweißbildung erfolgreich bekämpfen lassen. Vermischt man etwa pulverisierte Hennablätter zu gleichen Teilen mit Babypuder, erhält man ein effektives Deodorant, das verhindert, dass der Körper sich aufheizt und unangenehmer Geruch entsteht.

Die heilende Kraft

Die Hennapflanze enthält nicht nur färbende und äußerlich kühlende, sondern auch viele heilende Wirkstoffe. Aus diesem Grund findet man die Pflanze in der Ayurveda-Medizin ebenso wie in der Heilkunst Asiens, Afrikas und Ägyptens. Die Nutzung von Henna hat in diesen Ländern eine lange Tradition, und auch heute verwendet man Pflanzenteile nicht nur zur Körperbemalung, sondern auch als Basis zahlreicher gesundheitsfördernder Hausmittel. Die gebräuchlichste »Zubereitungsart« ist ein gefilterter Sud aus den Blättern des Strauchs. Er lässt sich vielfältig einsetzen und hilft beispielsweise gegen Rheuma, Magenschmerzen und Erkältungskrankheiten. Frauen können nach einer Geburt mit seiner Hilfe ihren Zyklus schnell wieder regulieren. Aber auch Rinde und Samen des Strauches lassen sich zu medizinischen Zwecken verwenden. In Ägypten wurden nervöse Leiden mit einer Mischung aus Rindenextrakten kuriert. Die Samen wurden zu Pulver zerrieben und sollten die Zellbildung stimulieren.

Mittlerweile hat auch die moderne westliche Medizin die heilenden Eigenschaften der Hennapflanze erkannt, die vor allem auf den adstringierenden (zusammenziehenden) Inhaltsstoffen beruht.

Pflegende Kosmetik

Nicht nur wegen der färbenden Eigenschaften wird Henna seit Jahrtausenden zu kosmetischen Zwecken verwendet. Die in der Pflanze enthaltenen Stoffe haben auch stark pflegende Eigenschaften.

Bereits im alten Ägypten nutzten Frauen die Wirkstoffe des Henna und rührten sich hautglättende und duftende Körperöle. Sie zerrieben dazu die wohlriechenden Hennablüten und mischten sie mit Olivenöl zu einer geschmeidigen Paste. Das traditionelle Rezept ist heute noch ein bewährtes Hausmittel gegen raue Haut an Füßen und Ellenbogen oder gegen rissige Lippen. Heute verarbeiten viele Kosmetikkonzerne Hennaextrakte in Haarpflegemitteln wie Shampoos und Conditionern. Darüber hinaus nutzt man den natürlichen UV-Schutz in Sonnenschutzprodukten. Ein aus den duftenden Blüten gewonnenes Öl dient der Parfümherstellung.

Leider wurden die hautpflegenden Eigenschaften selbst von den Herstellern von Naturkosmetik noch kaum entdeckt. Wer seine Haut mit Henna verwöhnen will, muss sich seine Cremes, Lotionen und Seifen deshalb in den meisten Fällen selbst anmischen. Es gibt jedoch zahlreiche einfache Rezepte, mit denen sich Pflegemittel schnell und unkompliziert herstellen lassen.

Im Orient und in Indien wird Henna seit Jahrhunderten zur Herstellung medizinischer Salben, Cremes und Tinkturen verwendet. Im Mittelalter versuchte man beispielsweise Gelbsucht und Lepra mit Salben und anderen Arzneimitteln auf Hennabasis zu heilen.

15

*T*raditionen

Die traditionellen Muster der nordafrikanischen Mehndi-Kunst finden sich auch in den Ornamenten auf Häusern und alltäglichen Gebrauchsgegenständen wieder. Sie sollen negative Energien von Mensch, Haus und Hof abwehren und Glück bringen.

Im Laufe der Kulturgeschichte begannen die Menschen, die Hennapaste nicht mehr nur großflächig aufzutragen, sondern sich mit kunstvollen Ornamenten zu bemalen. Diese dienten zwar weiterhin der Kühlung, aber auch der bloßen Zierde und nicht zuletzt rituellen und magischen Zwecken.

Auch wenn die Kunst der Mehndi-Malerei im gesamten Orient bekannt war, entwickelte sich doch in jedem Kulturkreis eine eigenständige Form der Darstellung. In Marokko, dem Sudan, in Ägypten, Indien und Pakistan sind die Arten des Gebrauchs so verschieden wie die Kulturen selbst. Filigrane Ornamentik, magische Symbole, zeremonielle und rituelle Gestaltungen haben im Laufe der Zeit eine eigene Kunstgattung hervorgebracht. Doch nicht nur die Art der Muster unterscheidet sich je nach Kulturkreis, sondern auch die Körperstellen, auf die die Malereien aufgebracht werden.

Mehndi in Indien

In Indien baut man Henna auf riesigen Plantagen an. Die Blätter des Strauches werden während der Blütezeit geerntet. Die jüngsten Sprosse, die die größte Färbekraft haben, werden getrennt von den anderen gesammelt. Sie dienen vor allen Dingen zum Färben der Haut. Die älteren Blätter besitzen dagegen weniger Färbewirkung und werden wie die Stängel für Shampoos und Haarfärbemittel verwendet.

Noch heute schmückt man sich in Indien für religiöse Zeremonien mit Hennamalereien. Die bekanntesten Beispiele sind Hochzeiten und »Diwale«, das hinduistische Neujahr. Zwei Tage vor der Hochzeit beginnt das Mehndi-Ritual. Alle Frauen kommen zusammen und verbringen die Tage singend und lachend miteinander, während die Braut angemalt wird. Das Ritual dient nicht alleine der Verschönerung der Haut, sondern hat auch eine ganz wichtige soziale Komponente.

Das Bemalen der Hände, Unterarme, Füße, Schienbeine und Waden dauert wenigstens sieben bis acht Stunden. Hinzu kommt die Zeit der Nachbehandlung, die ebenfalls mehrere Stunden in Anspruch nehmen kann.

Die ausgewählten Symbole sollen Braut und Bräutigam schützen, die Fruchtbarkeit fördern und dazu beitragen, dass die Ehe liebevoll und glücklich wird. Bei manchen Hoch-

zeitszeremonien wird auch der Name des Bräutigams in die Zeichnung eingemalt. Die Trauung darf dann nicht eher stattfinden, bis die Braut die Buchstaben im Mehndi gefunden hat.

Der indische Glaube besagt, dass die Liebe zwischen den Eheleuten um so tiefer und dauernder wird, je dunkler die Farbe auf der Haut sichtbar ist und je länger sie hält.

In Indien bietet das Schmücken der Braut den Frauen beider Familien die beste Gelegenheit, sich gegenseitig kennen zu lernen.

Von links nach rechts: Eine junge Inderin beim rituellen Bad im Ganges. Ein junges Mädchen bereitet sich auf ein traditionelles Fest in Jaipur vor. Üppig verzierte Hände einer indischen Frau.

Der Islam verbietet Frauen in der Moschee Make-up zu tragen. Bei Mehndi machen jedoch selbst streng gläubige Moslems eine Ausnahme. Denn anders als geschminkte Haut kann die mit Hennamalereien geschmückte Haut vor dem Gottesdienst gereinigt werden.

Um die Haltbarkeit der Malereien zu gewährleisten, ist die Braut deshalb in den Wochen nach der Hochzeit von allen häuslichen Arbeiten befreit. In Anbetracht der Tatsache, dass die Farbe bis zu sechs Wochen sichtbar bleiben kann, eine für die junge Hausfrau sehr angenehme Tradition.

Mehndi im Islam

Im Gegensatz zu den Körperbemalungen im größtenteils hinduistischen Indien, dürfen im Islam keine Lebewesen, also weder Tiere noch Menschen, abgebildet werden. Auch verzichten die islamischen Frauen darauf, wie die Inderinnen ihre Arme und Schienbeine mit prächtigen Hennamalereien zu schmücken. Die vorwiegend auf Hände und Füße aufgetragenen Muster sind weniger floral als abstrakt-geometrisch. Nicht in allen islamischen Staaten hat sich die Mehndi-Tradition jedoch bis in die Gegenwart bewahrt. Im Iran beispielsweise ist die alte Kunst beinahe völlig in Vergessenheit geraten.

In anderen Ländern wie Marokko, Ägypten und dem Sudan lebt der Mehndi-Kult dagegen auch heute noch fort.

Auch in der Türkei schmücken die Frauen zur Hochzeit ihre Hände noch immer mit Henna. Allerdings sind die türkischen Mehndis weitaus weniger filigran als die der Frauen in Marokko oder dem mittleren Osten. Die einfachen Muster werden der Braut mit den Fingern auf die Hände gemalt. Oftmals soll sogar lediglich ein dicker Punkt auf den Handflächen der Braut Glück und Erfüllung bringen.

Marokko und Mehndi

In Marokko kann man beinahe an jeder Straßenecke getrocknete Hennablätter und Hennapulver kaufen. Dennoch bemalen sich die marokkanischen Frauen heute fast nur noch zu großen Anlässen wie Hochzeiten und anderen wichtigen Zeremonien. Das liegt vor allen Dingen daran, dass auch in Nordafrika die neue Zeit Einzug gehalten hat. Den meisten Frauen fehlt einfach die Zeit, ihre Haut mit aufwändigen und langwierigen Malereien verzieren zu lassen. Der Abschied aus dem Junggesellenleben wird jedoch mit einer prächtigen Hennazeremonie gefeiert – und zwar nicht nur bei den Frauen, sondern auch bei den Männern.

Die Nacht bevor die Braut ins Haus ihres zukünftigen Ehemannes gebracht wird, wird in Marokko unter anderem »al-lailat al-henna«, »die Hennanacht«, genannt. Frauen und Männer treffen sich getrennt voneinander und bemalen Braut und Bräutigam. Im Haus des Bräutigams findet ein großes Fest statt, zu dem die Familie und Freunde des Mannes, Nachbarn und Musikanten eingeladen sind.

Der Bräutigam selbst ist als Sultan verkleidet, seine engsten Freunde als seine Minister. Gemeinsam stolzieren sie mit den Musikern durch das Dorf. Zurück im Haus des Bräutigams bringt die Brautmutter ihnen eine Schale mit Hennapulver, ein Ei, eine Flasche Wasser und vier Kerzen. Dann werden die Kerzen an-

gezündet und die Hennapaste präpariert. Der beste Maler in der Gruppe bemalt zuerst die Hände des Bräutigams, anschließend seine eigenen. Ist er damit fertig, stellt er die Kerzen in die Hennaschale und nun tanzen alle Junggesellen abwechselnd mit der Schüssel auf

In Marokko werfen die Gäste der Brautfamilie in der Hennanacht Geld in ein Körbchen, damit die Braut mit einem besonders prächtigen Mehndi geschmückt werden kann.

Auch im Vorderen Orient hat die Hennamalerei eine lange Tradition: Zwei Frauen aus Abu Dhabi (Saudi Arabien) mit reich verzierten Händen.

dem Kopf vor dem Bräutigam. Der letzte Tänzer schließlich lässt die Schüssel auf den Boden fallen, um auch die letzten bösen Geister zu vertreiben.

19

Mehndis
selbst gestalten

Wer sich mit einem Mehndi schmücken will, braucht
weder eine spezielle Ausrüstung noch viel Erfahrung.
Mit etwas Geduld und Fingerspitzengefühl lassen sich

die schönsten und
faszinierendsten
Muster auf die Haut
zaubern.

Ganz gleich, ob Sie Henna-pulver oder fertig angerühr-te Paste verwenden: Testen Sie zuerst in der Armbeuge, ob die Haut allergisch rea-giert. Nur wenn die Haut auch nach 24 Stunden we-der gerötet ist noch juckt, kann mit dem Mehndi be-gonnen werden.

In den letzten Jahren wurde Mehndi – die Kunst der Henna-malerei – auch im Westen im-mer populärer. Mehndi bietet all denen die Möglichkeit, ihren Kör-per neu zu entdecken und zu ge-stalten, denen Körperfarben zu schnell vergänglich, Tätowierun-gen jedoch zu endgültig sind. Anhänger der Mehndi-Kunst sind davon überzeugt, dass die Henna-bemalung in den nächsten Jahren zu einer der wichtigsten und po-pulärsten Möglichkeiten der Kör-pergestaltung in der westlichen Welt werden wird.

Die an späterer Stelle aufgeführten Symbole aus traditionellen Mehn-di-Ländern, aber auch aus anderen Kulturen, mögen dem Leser die Vielfalt der Möglichkeiten nur an-deuten, die die Mehndi-Malerei mit sich bringt. Schließlich ist es nur zu verständlich und auch wichtig, dass sich in jedem Land langfristig eine eigene Mehndi-Kultur entwickelt. Genauso wie sich die Kunstwerke von Mehndi-Malern in Ägypten von denen im Sudan und in Indien unterscheiden, werden auch hier im Westen kulturspezifische neue Formen entstehen. Denn jede Kul-tur hat ihre eigenen Symbole und wird ihren eigenen schöpferischen Ausdruck finden.

Im Folgenden erfahren all diejeni-gen, die sich die Hennapaste für ihr Mehndi selbst anrühren wollen, drei einfache Rezepturen. Außer-dem werden die wichtigsten tech-nischen Hilfsmittel und die verschiedenen Möglichkeiten vor-gestellt, mit denen sich das ge-wünschte Mehndi-Motiv auf die Haut bringen lässt. Symbole aus tra-ditionellen Mehndi-Ländern, aber auch aus anderen Kulturen, liefern zahlreiche Anregungen und Ideen für einen eigenen, ganz persönli-chen Mehndi-Stil.

Fertige Hennapaste

Es gibt mittlerweile auch bei uns ei-nige gute Fertigpasten zu kaufen. Dennoch kann es vorkommen, dass diese bei manchen Hauttypen nicht die erhoffte Wirkung haben. Außerdem sind sie in der Regel erheblich teurer als Pulver. Daher ist es für jeden, der sich regelmäßig mit Mehndi schmücken will, von Nutzen, früher oder später sein individuelles Rezept zu entwickeln. Mit den drei ausgewählten, relativ einfachen Rezepten lässt sich die Hennapaste zu Hause problemlos zubereiten.

Die Zusammensetzungen dieser Rezepte sollen Anregungen geben, auf welch vielfältige Art sich die Hennapaste anrühren lässt. Mit etwas Experimentierfreude, Neugier, Geduld und natürlich einer Portion Erfahrung werden Sie bestimmt bald in der Lage sein, die optimale Mischung für Ihren Hauttyp zu finden.

Das Hennapulver

Henna, wie es zum Färben der Haare verwendet wird, eignet sich nicht besonders gut für Mehndis. Es ist meist sehr grob und besitzt eine sehr schlechte Färbewirkung. Das liegt daran, dass für dieses Henna vorwiegend die Stängel und die Rinde der Hennapflanze verwendet

werden. Für Mehndi werden dagegen die wesentlich stärker färbenden Blätter benutzt. Verlangen Sie deshalb beim Kauf unbedingt Mehndi-Henna.

Die zweite wichtigste Grundregel für die Herstellung frischer Paste lautet: Es darf nur ganz feines Hennapulver verwendet werden. Idealerweise ist es so fein wie Mehl und enthält keinerlei grobe Teilchen. Grobe Bestandteile führen nämlich nicht nur zu unregelmäßiger Färbung, sondern erschweren es auch,

Besonders fein wird das Hennapulver, wenn man es mehrmals durch einen über eine Schüssel gespannten Nylonstrumpf siebt.

Fertig angerührte Hennapasten aus der Tube sind sehr praktisch. Wer spezielle Farbnuancen erzielen will, muss sich die Paste selbst anrühren.

feine Linien zu malen. Wenn Sie beispielsweise einen Spritzbeutel zum Auftragen der Paste verwenden, kann das grobe Pulver die feine Öffnung schnell verstopfen. Falls das Henna also noch nicht fein genug sein sollte, muss es erst ein paar Mal durch ein feines Teesieb gefiltert werden.

Das Anrühren der Paste

Das Grundrezept für eine Hennapaste besteht eigentlich nur aus Hennapulver und Wasser. Je nach Qualität des Henna und nach Art des Hauttyps erzielt man mit diesem einfachen Rezept schon eine recht gute Wirkung. Beim Anrühren muss man auf jeden Fall beachten, dass verschiedene Hennasorten auch unterschiedlich viel Flüssigkeit brauchen. Wie viel Flüssigkeit Sie tatsächlich in die Paste geben müssen, damit die Paste schön geschmeidig wird, können Sie jedoch nur selber ausprobieren. Die ideale Konsistenz liegt zwischen Zahnpasta und Senf. Die Paste darf also weder zu flüssig noch

zu zäh sein. Auch bei den nun folgenden Rezepten sollte man auf die richtige Konsistenz der Paste achten und die zuzugebende Flüssigkeitsmenge entsprechend verringern oder erhöhen.

Alle Bestandteile, die außer dem Henna in die Paste gerührt werden, haben das Ziel, die Farbintensität zu verstärken, die Haltbarkeit des Mehndi zu verlängern und das Verblassen hinauszuzögern. Zitronensaft und andere Säuren beispielsweise dienen dazu, den pH-Wert der Paste zu senken und dadurch die Farbintensität der Bemalung zu erhöhen.

Zum Mischen der Paste eignet sich am besten eine kleine Schale aus Messing, Edelstahl oder Glas. Die fertig angemischte Hennapaste sollte in jedem Fall ein bis zwölf Stunden ruhen, bevor man sie auf die Haut aufträgt. Um zu verhindern, dass sie während dieser Zeit austrocknet, wickelt man eine Plastikfolie um die Schale.

Generell ist es am besten, stets nur die Menge an Paste anzurühren,

Das Hennapulver muss vor dem Anrühren fein gesiebt werden.

In einem Glasschälchen wird die Hennapaste angerührt.

24

DAS BASISREZEPT

Sie brauchen: Feines Hennapulver, Zitronensaft, warmes Wasser, heißen, schwarzen, starken Tee

1. Fügen sie dem Hennapulver etwas Zitronensaft hinzu. Auf 3 EL Pulver rechnet man mit ca. 1 TL Saft. Sie können statt des Saftes auch eine Messerspitze Ascorbinsäure (Vitamin C) aus der Apotheke benutzen.

2. Gießen Sie vorsichtig und unter ständigem Rühren lauwarmes Wasser zu, bis eine zähe Paste entsteht. 60 bis 120 Minuten ziehen lassen.

3. Kurz bevor Sie die Paste auftragen, fügen Sie so viel heißen Tee hinzu, bis die Konsistenz der Paste einer geschmeidigen Zahnpasta ähnelt. Fertig!

die man in zwei Tagen verbrauchen kann. Je länger die Paste nämlich steht, umso mehr lässt die Färbewirkung nach.

Ein guter Aufbewahrungsort für nicht verbrauchte Paste (auch für Fertigpaste) ist übrigens der Kühlschrank, weil es dort kühl und dunkel ist. Bedenken Sie jedoch, dass die Paste vor dem Malen mindestens Raumtemperatur erlangt haben sollte. Schließlich ist Wärme einer der wichtigsten Faktoren, die zu einem guten Gelingen beitragen.

Fügt man der Paste Öle hinzu, wird sie besonders geschmeidig und lässt sich noch leichter verarbeiten. Das Eukalyptusöl, das in einem der angegebenen Rezepte verwendet wird, öffnet die Poren und ermöglicht dadurch, dass die Farbe tief in die Haut eindringt. Wird dann noch der schwarze Tee bereits am Vortag aufgebrüht und zieht entsprechend lang, erhöht das die Wirkung zusätzlich. Bevor er in die Paste gerührt wird, sollte er allerdings noch einmal erhitzt werden.

Für das Rezept der »Tropic Paste« müssen Sie einige Tage im Voraus planen, da die Limonen erst trocknen müssen. Aber das Warten lohnt sich: Die Farbwirkung ist hervorragend.

Das Basisrezept ist für all diejenigen bestens geeignet, die es gar nicht abwarten können, endlich mit Mehndi zu beginnen. Das simple Rezept lässt sich statt mit Tee auch mit Kaffee aufpeppen.

Eukalyptusöl ist sehr scharf und wird von empfindlicher Haut oft nicht vertragen. Testen Sie die Reaktion unbedingt einen Tag vorher in der Armbeuge. Rötet sich die Haut, verwenden Sie besser Zitronenöl.

Weitere mögliche Bestandteile

Die klassische Hennapaste färbt die Haut orangebraun. Wie schwach oder intensiv der Farbton tatsächlich wird und wie stark ein Mehndi auf der Haut zu sehen ist, hängt dabei vor allem von der Qualität des Hennapulvers, der Einwirkzeit der Hennapaste sowie vom Farbton der Haut ab. Die Farbwirkung und Haltbarkeit eines Mehndi lässt sich aber auch durch die verschiedensten Zugaben variieren. Andere Stoffe verleihen der Paste eine geschmeidige Konsistenz, so dass sie sich besonders gut auftragen lässt. An dieser Stelle sollen nur einige Möglichkeiten aufgezeigt werden, welche Zutaten verwendet werden können, welche Wirkung sie haben und wie sie in die Paste eingearbeitet werden.

Rotwein – Kräftige Rotweinsorten enthalten Tannin. Dies verstärkt die Färbewirkung. Einfach in die Paste rühren.

Tamarinde – Tamarindenpulver ist in vielen Bioläden erhältlich. Es wird mit Wasser oder schwarzem Tee aufgekocht. Kann auch statt Henna verwendet werden, hat jedoch eine geringere Färbewirkung.

Nelkenöl – Das Öl macht die Paste geschmeidig und verstärkt die Farbwirkung. Tropfenweise einträufeln oder untermischen. Vorsicht bei empfindlicher Haut: Das

ÖLHALTIGE PASTE

Sie brauchen: 4 Teile Hennapulver, 3 Teile starken, schwarzen Tee, 1 Teil Zitronensaft, 1/2 Teil Eukalyptusöl

1. Mischen Sie Hennapulver, schwarzen Tee und Zitronensaft. Kräftig rühren, damit sich keine Klümpchen bilden, 1 bis 2 Stunden ruhen lassen.

2. Wenn Ihre Haut Eukalyptusöl vertragen kann, geben Sie nun einige Tropfen in die angerührte Mischung. Hat die Paste noch nicht die richtige Konsistenz, geben Sie tröpfchenweise weiteren Tee hinzu.

Öl ist sehr scharf. Die Hautreaktionen müssen unbedingt vorher in der Armbeuge getestet werden.

Schwarzer Kardamom – Man kocht das Gewürz auf und lässt es längere Zeit ziehen. Dann den Aufguss filtern und zum Henna geben.

Kaffee – Schwarz und sehr kräftig gebrüht ist er ein hervorragender Ersatz für schwarzen Tee.

Rote Beete-Saft – Gutes Färbemittel. Lauwarm zugeben.

Rosenöl – Rosenöl macht die Haut wunderbar weich und verleiht der Paste einen angenehmen Geruch. Tropfenweise zugeben.

Eier – Vor allem in Afrika werden Eier als Bestandteil einiger Rezepte benutzt. Einfach in die Paste einrühren.

Zucker – Etwas untergemischter Zucker hilft, dass die Paste gut auf der Haut haftet und nicht vorzeitig abbröckelt. Nur in kleinen Mengen zugeben.

Knoblauch – Gepresster Knoblauch in der Paste öffnet die Poren, so dass die Farbe besser in die Haut eindringen kann.

TROPIC PASTE

Sie brauchen: 3-4 Limonen, Wasser, Hennapulver, Schwarzen Tee, Zitronenöl

1. Schneiden Sie die Limonen quer in dünne Scheiben und legen Sie sie zum Trocknen einige Tage auf eine Lage Zeitungspapier oder trocknen Sie sie bei leicht geöffneter Türe im Backofen (50 °C).

2. Kochen Sie die trockenen Scheiben so lange in Wasser, bis dieses sich rot färbt. Brühen sie mit diesem heißen Limonensaft den schwarzen Tee auf und lassen sie ihn ca. 15 Minuten ziehen.

3. Gießen Sie den Tee unter ständigem Rühren in das Hennapulver, bis die Paste die richtige Konsistenz erreicht hat. Lassen Sie die Mischung etwa 2 Stunden ziehen.

4. Kurz vor dem Auftragen noch einige Tropfen Zitronenöl unter die Paste rühren.

Wollen Sie die Wirkung der »Tropic Paste« noch intensivieren, können Sie zudem einige Scheiben getrocknete Limonen im Mörser pulverisieren und unter das Hennapulver mischen.

*H*ilfsmittel

Fertigen Sie gleich zwei oder drei Spritztüten, ehe Sie mit dem Mehndi beginnen. Falls eine Tüte beim Malen kaputt geht, haben Sie sofort eine neue zur Hand und müssen den Gestaltungsprozess nicht lange unterbrechen.

Mit der Herstellung einer guten Hennapaste ist der wichtigste Schritt zu einem gelungenen Mehndi getan. Allerdings brauchen gerade Anfänger noch einige Hilfsmittel, um das gewünschte Mehndi-Motiv auf die Haut zu bringen. Das wichtigste »Instrument« ist der Spritzbeutel, den Sie aus einem Stück Plastikfolie ganz schnell selbst herstellen können. Als Ersatz für die nur einmal verwendbaren Spritztüten bietet der Fachhandel ein spezielles Gerät an, das wie ein wieder aufzufüllender Stift gehandhabt wird. Gekaufte oder selbst gemachte Schablonen helfen dabei, dass das Mehndi später genauso aussieht wie die Vorlage. Die Anwendung ist einfach und das Ergebnis einfach umwerfend. Das Freihandzeichnen verlangt dagegen schon etwas Erfahrung und eine sichere Hand. Mit den richtigen Übungen können Sie aber bald mit dem ersten Versuch starten.

Schablonen

Wer Schablonen für die Mehndi-Malerei kaufen will, kann sich zwischen verschiedenen Modellen entscheiden. Die traditionellen indischen Schablonen werden aus gummiartigem PVC hergestellt. Sie sind sehr robust, elastisch und haften gut auf der Haut. Sie passen sich den Körperformen sehr gut an und können in der Regel mehrmals verwendet werden. Inzwischen gibt es nicht mehr nur Schablonen mit traditionellen Mehndi-Mustern, sondern auch zahlreiche Tribal- und andere Ethnomotive. Mittlerweile bietet der Markt aber auch eine Vielzahl von Folienschablonen. Auch hier ist die Auswahl riesig und nahezu jedes Motiv ist erhältlich. Ganz gleich, für welche Schablone Sie sich entscheiden: Bevor Sie die Schablone auf die Haut legen, prüfen Sie, ob sie die richtige Größe für die gewählte Stelle hat. Sind Sie mit Proportion und Platzierung zufrieden, ziehen Sie die Schablone von der Folie und drücken Sie sie fest auf die Haut.

Schablonen selber machen

Vielleicht haben Sie in einem Buch oder einer Zeitschrift ein besonders schönes Motiv entdeckt, das Sie sich gerne als Mehndi auf die Haut malen möchten? Wenn Sie im Handel keine passende Schablone finden, können Sie sich diese auch ganz einfach selbst aus selbstklebender Folie herstellen. Kopieren Sie das Motiv auf die Folie und schneiden Sie es mit einem scharfen Messer oder einer Nagelschere aus. Auf die Haut kleben und mit Hennapaste ausfüllen.

Einfache Folienstempel

Eine einfache und preiswerte Alternative zu Folienschablonen ist diese Methode. Man legt Klarsichtfolie auf das gewählte Motiv und fährt dessen Konturen mit einem wasserlöslichen Filzstift nach. Dann drückt man die Folie mit der beschrifteten Seite nach unten vorsichtig auf die Haut, wie einen Stempel. Dabei sollte man beachten, dass die Folie nicht verrutscht, damit die Motivränder nicht verschmieren. Die Fo-

lie von der Haut nehmen und die Linien mit Hennapaste über- und ausmalen.

Bedenken Sie, dass bei dieser Technik das Motiv seitenverkehrt auf die Haut kommt. Stört Sie das, können Sie die Vorlage vorher auf Transparentpapier übertragen. Dieses nach dem Übertragen wenden, die Folie auflegen und das Motiv erst dann auf Klarsichtfolie abpausen.

Einfache Hilfslinien

Wenn Arme oder Beine mit Ranken oder Bändern bemalt werden sollen, sorgen Hilfslinien dafür, dass das Mehndi in geraden Bahnen verläuft. Sie können die Linien mit wasserlöslichem Filzstift oder Kohlestift direkt auf die Haut zeichnen. Noch einfacher geht es, wenn Sie die Linien mit einem Baumwollfaden markieren, der zuvor in Tinte oder Kohlestaub getaucht wurde. Den Faden kurz um die Stelle wickeln, an der die Ranke platziert werden soll und ihn sogleich wieder entfernen. Der Abdruck ist eine hilfreiche Orientierung beim Anlegen der

Selbsthaftende Schablonen können in der Regel mehrmals verwendet werden. Wenn die getrocknete Hennapaste abgekratzt wurde, zieht man die Schablone vorsichtig wieder von der Haut. Anschließend wird sie mit lauwarmem Wasser gereinigt und an der Luft getrocknet.

Legen Sie sich beim Malen auf jeden Fall Wattestäbchen und -pads und ein Schüsselchen mit Zitronensaft bereit. Damit lassen sich kleine Ausrutscher sofort beheben. Auch kleine Spritzer hinterlassen nämlich bereits nach kurzer Zeit Spuren, die die Kontur des Mehndi verunstalten.

Schablone, aber auch beim Freihandzeichen. Die Hilfslinien selbst lassen sich nach dem Trocknen und Abkratzen der Hennapaste ganz einfach wieder entfernen (sofern sie nicht sowieso schon vom Henna abgedeckt sind). Sollen Tintenspuren mit Wasser und Seife entfernt werden, sollte jedoch 24 Stunden gewartet werden, da das Mehndi in dieser Zeit nicht nass werden darf.

Anstelle einer farbigen Hilfslinie können auch elastische Bänder (beispielsweise Hosengummi oder Haargummis) dafür sorgen, dass ein Mehndi-Schmuckband schön gleichmäßig um Arm oder Bein läuft. Streifen Sie dazu zwei Bänder über und richten Sie sie völlig parallel aus. Der Abstand der Bänder zueinander richtet sich nach der Breite des gewünschten Mehndis. Wenn Sie sich beim Auftragen der Hennapaste immer am Verlauf der Bänder orientieren, wird das Ornamentband schön gerade.

Achten Sie bei dieser Methode auf jeden Fall darauf, dass die Gummibänder nicht in die Haut ein-

schneiden. Schließlich können sie erst dann wieder abgestreift werden, wenn die Hennapaste völlig getrocknet ist.

Spiralen und lange Hilfslinien

Wer Arme oder Beine mit einem spiralförmigen Band verzieren will, behilft sich mit einem in Tinte getauchten Faden. Ein Fadenende wird mit einem Streifen Heftpflaster an der Stelle fixiert, an der das Spiralmuster beginnen soll. Dann wird der Faden gleichmäßig um die Gliedmaße geschlungen, so dass sich die Tinte auf der Haut abdrückt. Den Faden anschließend vorsichtig wieder abwickeln, ohne weitere Spuren auf der Haut zu hinterlassen. Die Hennapaste immer entlang der Linie auftragen. Ebenso werden lange, gerade Hilfslinien auf die Haut gebracht. Man braucht sie beispielsweise dann, wenn die Waden mit einer Strumpfnaht verziert werden sollen. Ein Fadenende fixieren, den Faden in einer geraden Linie weiterführen, leicht andrücken und wieder abziehen.

30

Die Spritztüte

Natürlich kann man das Mehndi mit einem feinen Pinsel oder ganz traditionell mit einem Holzstäbchen (aus Rosenholz) aufmalen. Das ist jedoch eine langwierige Prozedur und empfiehlt sich nur für sehr filigrane Freihandzeichnungen. Schneller und unkomplizierter geht es mit der Spritztüte. Sie ist einfach gemacht und kostet fast nichts, denn als Material benötigen Sie lediglich einige alte Plastiktüten oder einen Gefrierbeutel sowie etwas Klebeband.

Hier ist auf einen Blick zu sehen, wie leicht sich Spritztüten selbst herstellen lassen.

So baue ich eine Spritztüte

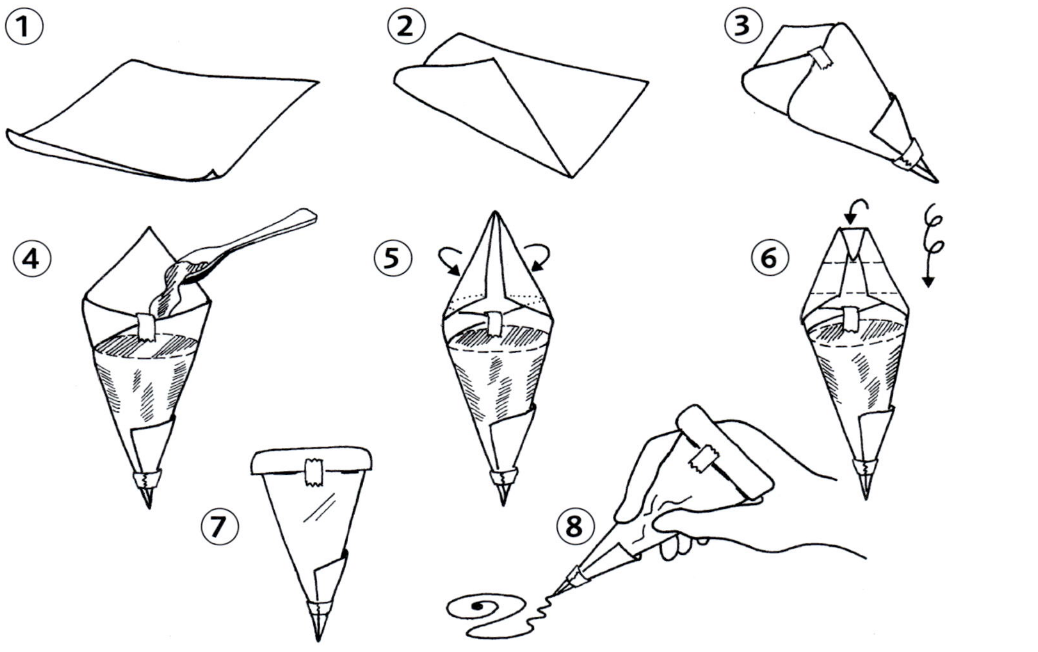

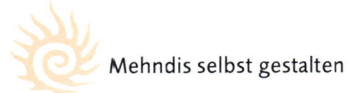

Die Mehndi-Malmaschine

Etwas teurer als eine Spritztüte, dafür beinahe noch leichter zu bedienen, ist dieses spezielle Gerät zum Mehndi-Malen. Es handelt sich um eine leistungsfähige elektrische Membranpumpe, die die Hennapaste gleichmäßig und dabei geräuscharm auf die Haut bringt. Die Fließgeschwindigkeit der Paste kann stufenlos reguliert werden.

Man hält und führt das Gerät wie einen Stift. Der Zeigefinger reguliert den Fluss der Paste. Das Gerät ist vor allem für all diejenigen zu empfehlen, die sich nicht nur einmal mit einem Mehndi schmücken wollen. Auch Profis erleichtert das Gerät die Arbeit sehr. Selbstverständlich sollte man bedenken, dass man bei dieser Methode einen Stromanschluss benötigt.

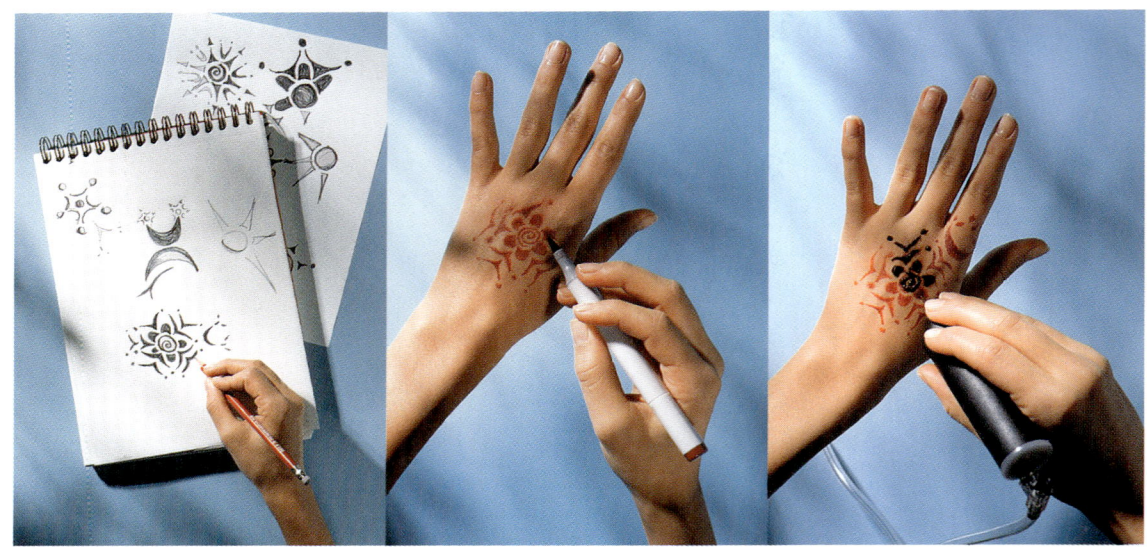

Links: Wer ohne Schablonen arbeitet, entwirft die Muster zuerst auf Papier. Mitte: Mit einem wasserlöslichen Filzstift wird das Motiv auf die Haut übertragen. Rechts: Jetzt werden die Linien mit Hennapaste nachgezogen und ausgefüllt.

*F*reihand-
malen

Das Freihandmalen ist die höchste Disziplin der Mehndi-Kunst. Wer sich auf diese Art bemalen will, braucht schon etwas Erfahrung und Fingerspitzengefühl.

Üben Sie an Hand der zahlreichen Vorlagen in diesem Buch Linienführung und Schwung der verschiedenen Motive, bis diese Ihnen leicht von der Hand gehen. Zeichnen Sie dazu die Figuren mit einem weichen Filzstift auf einem separaten Blatt Papier nach. Lassen Sie sich Zeit und versuchen Sie, sich die Gleichmäßigkeit der Formen zu verinnerlichen. Wenn Sie ganz sicher gehen wollen, können Sie anschließend versuchen, das Muster mit Henna und Spritztüte auf eine dicke Lage Zeitungspapier zu übertragen. Schließlich verlangt auch das Herausdrücken der Hennapaste eine gewisse Routine, damit das Mehndi richtig perfekt wird.

Eigene Motive entwerfen

Wollen Sie selbst ein Motiv entwerfen, gestalten Sie dieses zuerst auf einem Blatt Papier, um Proportionen und Wirkung zu testen. Bestimmen Sie zuerst die Grundform und legen Sie dann die Proportionen fest. Markieren Sie bei Mandala-Motiven das Zentrum, bei Ranken und Bändern die Führungslinien. Diese Schritte sind vor allem dann nötig, wenn Sie mit der Freihandmalerei erst beginnen. So vermeiden Sie, dass das fertige Mehndi zusammenhangslos und unproportional wirkt.

Erst wenn Sie mit dem Ergebnis wirklich zufrieden sind, sollten Sie beginnen das Motiv auf die Haut zu übertragen. Wenn Sie ganz auf Nummer Sicher gehen wollen, zeichnen Sie es vorher mit einem wasserlöslichen Filzstift auf und ziehen Sie die Linien anschließend mit Hennapaste nach. Legen Sie Ihre Zeichnung beim Übertragen sichtbar neben sich. Orientieren Sie sich während der Arbeit immer wieder an der Vorlage.

Ehe Sie mit dem Malen beginnen, sollten Sie den Arbeitsplatz mit Zeitungen abdecken und alte Kleidung anziehen. Denn Henna färbt nicht nur die Haut, sondern auch Teppich, Holz und Kleidung. Die hartnäckigen Flecken lassen sich meist nicht mehr entfernen.

33

Haltbarkeit

Ehe die Hennapaste aufgetragen wird, sollte die entsprechende Hautstelle gründlich vorbereitet werden, damit das Mehndi farbenstark wird und möglichst lange hält. Auch die richtige Behandlung während und nach dem Trocknen trägt viel zur Haltbarkeit der Körperbemalung bei.

Damit die Paste nicht auf der Haut verschmiert, muss sie geschützt werden, vor allem dann, wenn sie über Nacht einwirken soll. Am besten legen Sie vorsichtig Watte auf und umwickeln diese locker mit einem Mullverband. Wurden Hände oder Füße bemalt, bedeckt man sie mit einer Schicht Watte und zieht anschließend weite Handschuhe oder Socken über.

Die Haut vorbereiten

Ist der Körper an der vorgesehenen Stelle stärker behaart, sollten die Haare mit einem Nassrasierer entfernt werden. Zu viele Haare verhindern nicht nur die gleichmäßige Färbung der Haut, sondern sorgen auch dafür, dass die Kontur eines Motivs unscharf wird.

Dann wird die Haut mit einer sanften Seife gewaschen und alle losen Hautschüppchen werden mit einem Peeling entfernt. Abschließend wird die Haut sanft mit einem alkoholfreien Gesichtswasser abgerieben.

Die Hennapaste fixieren

Damit das Mehndi später gut sichtbar ist, muss die Hennapaste nach dem Auftragen mindestens ein bis zwei Stunden einwirken. Noch besser wird das Ergebnis, wenn die Paste acht bis zwölf Stunden auf der Haut bleibt, etwa über Nacht.

Hennapaste kann ihre Farbe nur an die Haut abgeben, solange sie feucht ist. Um die Farbkraft zu verstärken, sollte man nach Möglichkeit die trocknende Paste immer wieder vorsichtig mit Zuckerwasser (ein Teil Zucker, zwei Teile frisch gepresster Zitronensaft) betupfen.

Wärme intensiviert die Farbwirkung. Setzen Sie sich deshalb am besten vor eine Rotlichtlampe, an die Heizung oder in die Sonne. Heiße Getränke erhitzen den Körper von innen und tragen dadurch ebenfalls zu guten Ergebnissen bei.

Das Mehndi pflegen

Währen der ersten 24 Stunden sollte das Mehndi nicht nass werden (notfalls das Motiv mit Haushaltsfolie, Klebestreifen oder Mullverband schützen). Hat das Mehndi nach dieser Zeit jedoch endlich seinen endgültigen Farbton erreicht, bleibt es für etwa zwei Wochen deutlich auf der Haut sichtbar, ohne dass Wasser ihm schaden kann. Wer verhindern will, dass sein kunstvoll aufgemalter Körperschmuck zu schnell verblasst, muss Vollbäder, Chlor- und Salzwasser ebenso meiden wie Peelings und alkoholhalti-ge Bodylotion. Häufiges Eincremen mit feuchtigkeitsspendender Creme verlängert dagegen die Haltbarkeit eines Mehndi, da dadurch die naturbedingte Erneuerung der Epidermis verzögert wird. Wenn ein Mehndi besonders gut gelungen ist, empfiehlt es sich, es nicht völlig verblassen zu lassen, sondern rechtzeitig mit neuer Hennapaste aufzufrischen.

Die Hennapaste nach dem Trocknen vorsichtig abkratzen. Nicht abwaschen, da sonst die Färbewirkung wieder einsetzt und die Konturen verschmieren.

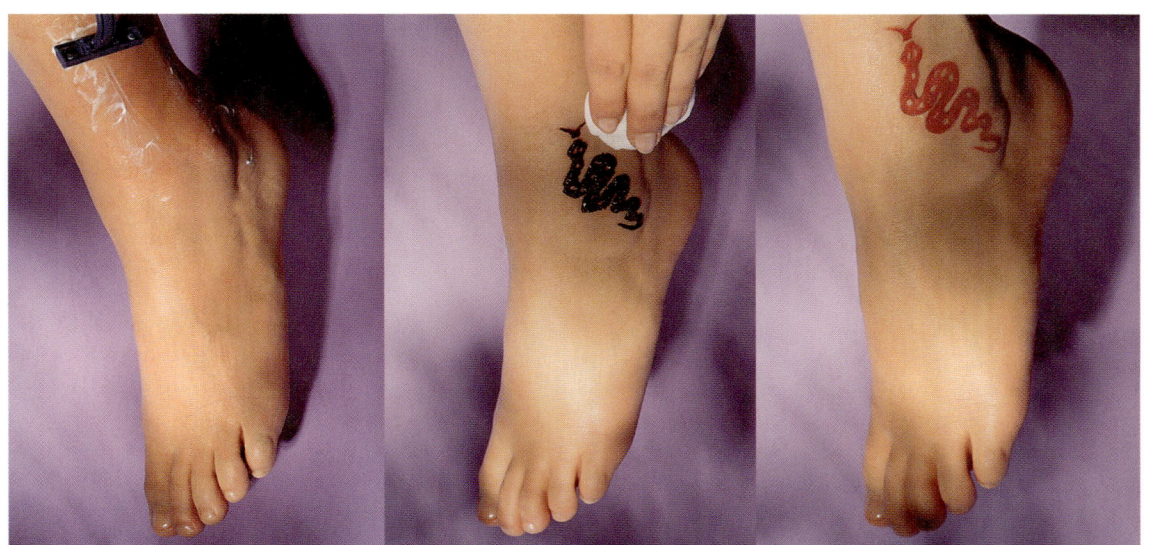

Links: Damit die Haut schön glatt ist, wird sie zuerst rasiert und gereinigt. Mitte: Die Hennapaste regelmäßig feucht abtupfen, damit sie gut färbt. Rechts: Das fertige Mehndi darf 24 Stunden nicht nass werden.

uster

Die ersten Fragen, die sich vor dem Aufmalen eines Mehndi stellen, sind die, an welcher Körperstelle das Mehndi sitzen und für welches Motiv man sich entscheiden soll. Will man beispielsweise Schulter oder Dekolletee verzieren, kann das Muster weit großflächiger sein als auf der Hand. Andererseits bieten gerade Hände und Füße die Möglichkeit, besonders abwechs-lungsreich gestaltete und anspruchsvolle Mehndis zu schaffen, da die Bemalung von Fingern und Zehen aufgrund ihrer Form besondere Sorgfalt verlangt.

Auch die Tatsache, ob das Mehndi für jeden sichtbar oder ob es nur dem Partner bekannt sein soll, ist ein wichtiges Kriterium für seine Platzierung. Will man das Hennagemälde »öffentlich« tragen, spielt nicht zuletzt die Jahreszeit eine Rolle. Im Winter werden wohl nur wenige Leute das Bauchnabel-Mehndi sehen, das im Strandurlaub seine Wirkung nicht verfehlte.

Bei der Auswahl des Motivs haben sie fast unbegrenzte Möglichkeiten. Kleine Piktogramme können ebenso schön aussehen wie spitzenartige Muster, die sich beispielsweise wie ein Handschuh über die ganze Hand erstrecken. Filigrane Zeichen sind ebenso möglich wie großflächige Ornamente. Archaisch anmutende Formen stehen der Abbildung eines »modernen« Symbols in nichts nach. Die einzige »Einschränkung« besteht in der Ein-

Im Handel gibt es die unterschiedlichsten Schablonen, mit denen auch Ungeübte perfekte Mehndis gestalten können.

farbigkeit der Hennapaste. Gerade dies kann eine Herausforderung sein, denn auch durch verschiedene Linienführung und Schraffur lassen sich abwechslungsreiche Körperbemalungen anfertigen.

Die Motivwahl

Bevor Sie sich endgültig für ein Mehndi-Motiv entscheiden, sollten Sie überlegen, ob das gewünschte Motiv auch zu Ihrer Persönlichkeit passt, ob es Ihrem Alter und Geschlecht entspricht. Werden Sie sich auch darüber klar, zu welchem Anlass Sie sich mit dem Mehndi schmücken wollen. Es macht schließlich einen großen Unterschied, ob die Bemalung für eine Party, den Urlaub oder für eine Hochzeit bestimmt ist. Bedenken Sie aber auch, dass die Malerei nicht gleich wieder verschwindet. Dieses Kapitel soll die Vielfalt der heutigen Mehndi-Malerei vermitteln. Dabei soll zuerst auf die so genannten traditionellen Techniken und auf alte Symbolik eingegangen werden. Damit sind jene Mehndis gemeint, wie man sie in Nordafrika, dem mittleren Osten und auf dem indischen Subkontinent findet. Darüber hinaus lässt sich jedoch auch die Symbolik anderer Kulturen für die Mehndi-Malerei entdecken, wie die alten Zeichen der Indianer oder Kelten. Aber nicht nur historische Motive sind erlaubt. Phantasievolle Menschen werden auch in unserer modernen Welt immer wieder Zeichen und Symbole entdecken, die sich als Vorlage für Mehndis eignen. Sie werden sehen, dass Ihrer Kreativität kaum Grenzen gesetzt sind. Im Folgenden finden Sie nicht nur zahlreiche Motivvorschläge, sondern erfahren auch viel über die Tradition der Körperbemalung in den unterschiedlichsten Regionen der Erde und den verschiedensten Epochen der Weltgeschichte. Sie werden staunen, wie vielfältig die Menschen ihre Körper schmückten und noch immer schmücken, und wie leicht sich beinahe jede Ausdrucksform für ein individuelles Mehndi abwandeln lässt.
Lassen Sie sich inspirieren!

Festbemalung eines junges Ghanaers.

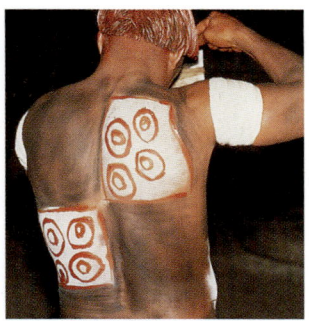

Der verzierte Rücken eines Xingu-Indianers (Brasilien).

Mädchen aus Jodphur mit dem charakteristischen Hindu-Mal.

Hand-Mehndi einer frisch vermählten Braut.

Indische Mehndis

Im religiösen Vielvölkerstaat Indien hat nicht nur die Körperbemalung mit Henna eine lange Tradition. Einige Volksstämme schmücken ihre Haut auch mit dauerhaften Farben, die sie mit Nadeln unter die Haut bringen.

Die wohl auch im Westen bekannteste indische Körperbemalung ist der rote Punkt auf der Stirn der Hindu, der den Segen und Schutz der angebeteten Gottheit sichern soll. Gleichzeitig ist das rote Zeichen ein beliebter Körperschmuck, der auch im modernen Indien noch viele Anhänger hat. Solch ein Stirnzeichen lässt sich jedoch auch wunderbar mit Henna auf die Stirn malen, ebenso wie andere kleine Ornamente.

Mehndis als Brautschmuck

Vor ihrer Hochzeit bemalen indische Frauen ihre Hände und Füße mit aufwändigen Mehndis. Über die Bedeutung und den Ablauf dieser langwierigen traditionellen Prozedur wurde bereits eingangs gesprochen. An dieser Stelle soll jedoch nochmals auf die beliebtesten Motive eingegangen werden, mit denen sich die Bräute vor ihrer Hochzeitsnacht schmücken.

Typisch indisch sind die filigranen, sich wiederholenden Paisleymuster, die wie zarte Spitzen wirken. In den Mustern tauchen immer wieder Blüten auf, die die weibliche Schönheit sowie verschiedene Gottheiten symbolisieren. Besonders beliebt ist die Darstellung der achtblättrigen Lotusblüte. Sie ist das Sinnbild der Hindugöttin Lakshmi, die den Menschen zu Schönheit, Gesundheit und Wohlstand verhilft. Die Blütenmotive werden sorgfältig in die Spitzenmuster eingebaut, oftmals aber auch wie Bänder aneinander geknüpft. Diese Blumenranken sind ein Zeichen der wachsenden Liebe und deshalb bei frisch Verliebten besonders beliebt. Häufig werden auch Tiere auf die Haut gemalt. Besonders verbreitet ist die Darstellung von Vögeln. Diese Geschöpfe verbinden die Erde mit dem Himmel und sind deshalb

ein beliebtes Motiv für das Hochzeits-Mehndi. Treten sie paarweise auf, stehen sie für das zukünftige Brautpaar. Eine besondere Stellung kommt dem Papagei zu: Er wird als Vogel der Liebe angesehen. Elefanten (Symbol für Weisheit und Glück) und Fische (Symbole der Fruchtbarkeit) sind ebenfalls beliebte Tiermotive.

Neben den floralen und Tierornamenten werden aber auch alt überlieferte, indische Symbole in das Mehndi eingebaut, die der Braut Glück und Erfüllung bringen sollen.

Tätowierungen und andere Zeichen

Das Tätowieren ist in Indien eine vorwiegend weibliche Ausdrucksform. Nur wenige Männer schmücken sich auf diese recht schmerzhafte Art und Weise. Tragen Männer Tätowierungen (etwa bei den Kutch in Nordwestindien), sind es meist kleine Tierfiguren, die sie sich auf Jahrmärkten in die Haut stechen lassen. Die meisten Frauen der Kutch schmücken dagegen ihre sichtbaren Körperteile – Arme, Hände und Füße, aber auch Brustansatz, Hals und Gesicht – mit filigranen schwarzen oder grünen Zeichen. Die Muster werden oft in Reihen aufgebracht, so dass gerade an Hals, Armen und Knöcheln der Eindruck einer Kette entsteht. Lediglich das Gesicht wird nur spärlich mit einzelnen Punktornamenten geschmückt (etwa am Kinn, den Wangen, über der Oberlippe oder neben dem Auge).

Bei den Gond (Zentralindien) zeichnen Mütter ihre Töchter, sobald sie in die Pubertät gekommen sind. Mit spitzen Nadeln bringen sie Holzkohlestaub unter die Haut und schmücken auf diese Weise Körper und Gesicht mit einfachen Punkt-, Kreis- und Strichornamenten.

Die klassischen Tattoo-Muster eignen sich natürlich auch hervorragend für die Mehndi-Malerei. Wer einen (möglichst authentischen) dunklen Farbton erzielen will, sollte die Farbe der Hennapaste mit einer tanninhaltigen Flüssigkeit intensivieren (siehe dazu Seite 26f.).

Die Zeit vor der Hochzeit ist für die Braut oft anstrengend, da sie während der Mehndi-Zeremonie viele Stunden, oft sogar Tage ruhig sitzen muss. Damit auch die Muster auf den Füßen trocknen können, darf sie nicht laufen. Notfalls muss sie von den anderen Frauen getragen werden.

Afrikanische Muster

In Afrika hat die Bemalung der Haut eine große Tradition und ist ein sehr wichtiger Bestandteil des täglichen Lebens. Hautschmuck mit Henna ist vor allem in Nordafrika weit verbreitet.

Die Bemalung der Berberfrauen

Die Frauen der Berbervölker in Nordafrika schmücken ihre Haut mit kunstvollen Mustern und Ornamenten. Wie in Indien wird die Malerei mit Hennapaste aufgebracht.

Die Muster der Afrikaner bestechen durch ihre einfache Geometrie. Sie sind deshalb hervorragend für all diejenigen geeignet, die sich mit der Kunst der Mehndi erst vertraut machen wollen.

Sie dient nicht nur als Schmuck, sondern soll die Frauen auch vor negativen Einflüssen schützen. Dem Henna wird dabei eine sehr positive Wirkung zugeschrieben. Wie ein Amulett soll die Malerei die Trägerin gesund erhalten. Besondere Bedeutung hat der Körperschmuck daher vor allem für Frauen, die geschwächt sind oder sich in einschneidenden Lebensphasen befinden. Vor allem während der Kindheit, der Pubertät, der Hochzeit und der Schwangerschaft wird deshalb große Aufmerksamkeit auf die Körperbemalung gerichtet.

Da die Berber glauben, dass negative Kräfte durch die Öffnungen im Gesicht eindringen können, tragen sie rund um Mund, Nase und Augen Hennaverzierungen auf, die die Trägerin vor Angriffen des Bösen schützen sollen. Da der Körper bereits durch Kleidung vor negativen Energien geschützt ist, werden ansonsten vor allem Hände und Füße mit Ornamenten verziert.

Die kunstvollen Mehndi-Muster werden aus einfachen Grundfor-

Bei den Berbern werden nicht nur die Bräute vor der Hochzeit mit Hennamalereien geschmückt – auch der Bräutigam wird prächtig bemalt.

44

men wie Punkten, Linien, Dreiecken und Kreuzen gebildet. Das Aufbringen erfordert natürlich etwas Übung, doch führt der einfache Grundaufbau mit seinen steten Wiederholungen meist zu schönen Ergebnissen.

Der schwarze Kontinent

Noch heute ist bei vielen Völkern Schwarzafrikas das Schmücken der Haut mit Farben bei Festen und Zeremonien ein wichtiges Ritual.

Die Bemalung wird mit Erd- und Pflanzenfarben ausgeführt, Henna ist dabei eher ungebräuchlich. Doch eignen sich die Motive Schwarzafrikas hervorragend für die Mehndi-Malerei. Die Muster sind meist ornamental und können sehr streng aufgebaut sein. Geometrische Formen sind ebenso weit verbreitet wie Linien und Punkte. Aber auch Wellenlinien und Spiralen sind zu finden, die manchmal den ganzen Körper überziehen.

Die berühmtesten Hautmalereien Schwarzafrikas sind die der Nuba (Südsudan). Vor allem die Männer sind wahre Künstler der Köperbemalung und schmücken sich farbenprächtig. Meist finden sie sich dazu mit ihren Altersgenossen zusammen und helfen sich gegenseitig dabei, ihre Körper zu bemalen. Auf die Verzierung des Gesichts wird dabei besonderer Wert gelegt. Die Frauen der Nuba sind nicht mit Farbe, sondern mit ornamentalen Narbenmustern verziert, deren Anbringung streng reglementiert ist. Die Verzierung der Haut mit Schmucknarben war früher in ganz Afrika weit verbreitet. Der schmerzhafte Brauch ist heute jedoch in den meisten Staaten verboten.

Auch die ausdrucksstarken Muster der Narbenornamentik lassen sich gut auf die Mehndi-Malerei übertragen. Ähnlich wie bei der Gestaltung mit Farbe wurden die Schmucknarben zu Ornamentbändern aus Punkten, Linien und geometrischen Grundformen gestaltet. Besonders reizvoll sind diese Verzierungen auf der Haut an Dekolletee und Schulter.

Ein Dinka-Mädchen mit auffälligen Schmucknarben (Sudan).

Massai-Frau mit Gesichtsbemalung und prächtigem Schmuck.

Weisheit, Schutz,
Widderhörner

Schutzsymbol

Tapferkeit, Mut

Adlerkrallen

Schutzsymbol aus Khenfra

Traditionelles Motiv aus Marokko

Traditionelles Motiv aus Marokko

Augensymbol – Schutz

Traditionelles Motiv aus Nigeria

Hoffnung

*Der Skarabäus, ein Blatt-
hornkäfer, wurde in Ägyp-
ten als Verkörperung des
Sonnengottes verehrt. Aus
Edelsteinen geschnitzte
Skulpturen wurden als
Amulett und Siegel verwen-
det. Mit Hilfe der Mehndi-
Kunst kann man den Käfer
als Amulett direkt auf der
Haut tragen.*

Das alte Ägypten

Aus Ägypten stammen die ältesten Spuren von Mehndi-Malerei. Wie in anderen Hochkulturen begannen die Menschen bald, ihre Gesichter mit Farbe zu schmücken.

Viele Hieroglyphen konnten erst im 20. Jahrhundert entschlüsselt werden.

Die ägyptischen Frauen verzierten nicht nur ihre Nägel mit Henna, sondern tönten auch ihre Lippen mit der lang haltenden Farbe. Auch die Pharaonen ließen sich ihre Fingernägel mit dem roten Farbstoff bemalen. Grabfunde haben erge-
ben, dass auch die Tücher, in die die Pharaonen nach ihrem Tod gewickelt wurden, häufig mit Henna gefärbt waren. Außerdem wurden bei den Grabbeigaben kleine Plastiken gefunden, deren Oberfläche mit Punktornamenten und Linien versehen sind. Man vermutet, dass diese Verzierungen den bekannten Körperbemalungen oder Tätowierungen nachempfunden wurden.

Ägyptische Hieroglyphen

Eine besonders reizvolle Art der Hennamalerei ist der Schmuck der Haut mit ägyptischen Hieroglyphen. Natürlich kann man sein Hieroglyphen-Mehndi allein nach ästhetischen Gesichtspunkten auswählen. Interessanter ist es jedoch, sich ein Bild auf die Haut zu malen, das als Sinnbild für die eigenen Gefühle und Gedanken verstanden werden kann.

Wer sich mit solch einem Motiv schmücken will, sollte sich daher zuerst darüber informieren, welche Kräfte und Eigenschaften dem Dargestellten zugeteilt waren.

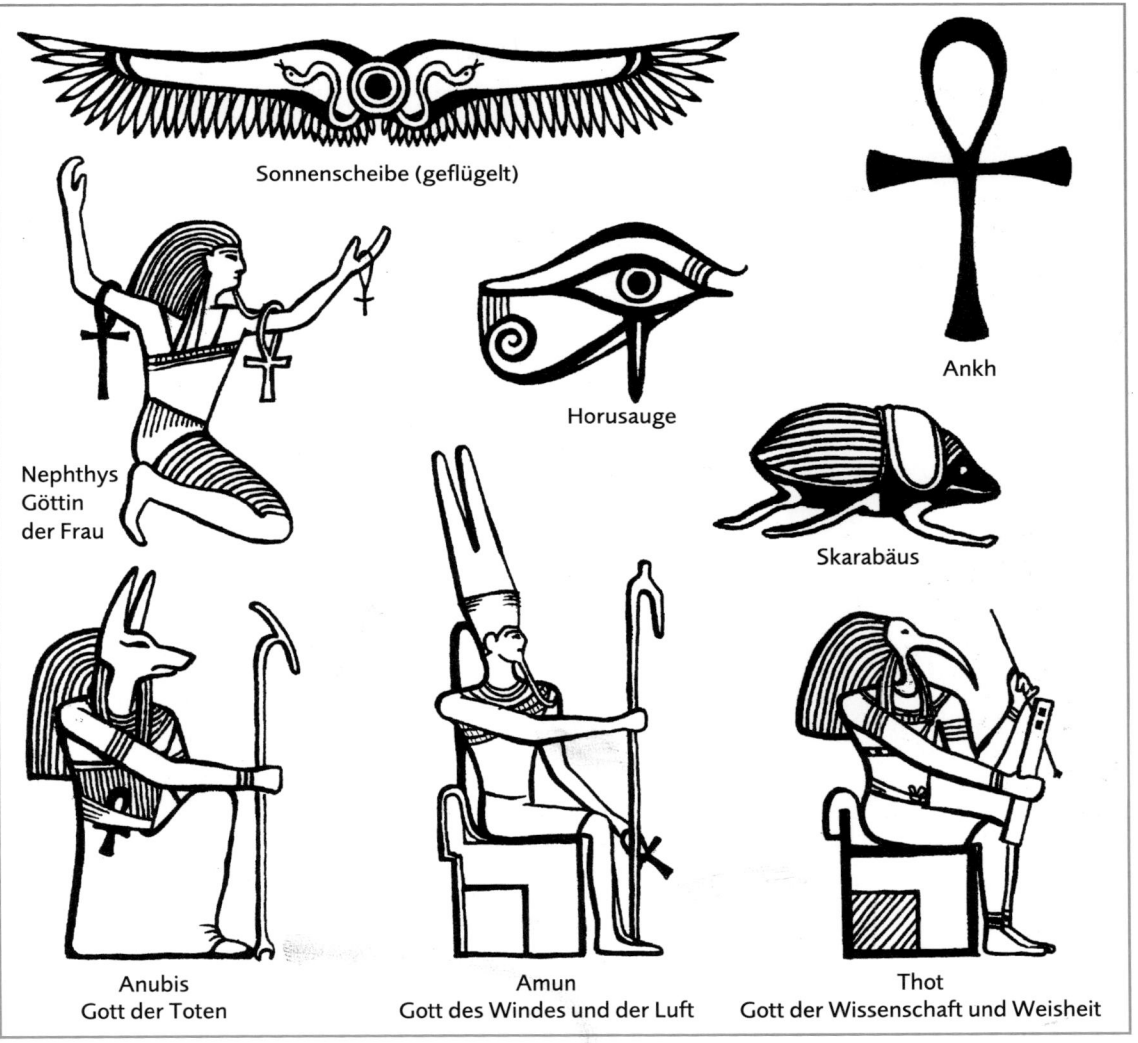

Sonnenscheibe (geflügelt)

Ankh

Horusauge

Nephthys
Göttin
der Frau

Skarabäus

Anubis
Gott der Toten

Amun
Gott des Windes und der Luft

Thot
Gott der Wissenschaft und Weisheit

Zeichen der Indianer

Wie bei den meisten Naturvölkern war bei den Indianern die Bemalung der Haut ein Ritual von großer Bedeutung. Alle Indianervölker Nord- und Südamerikas schmückten ihre Haut mit Farben. Die Motive und Malstile waren dabei so zahlreich wie die Stämme des amerikanischen Kontinents.

Die Indianer Nordamerikas

Bei den Indianern Nordamerikas spielte die Bemalung des Körpers eine große Rolle. Sie gab als eine Art Zeichensystem Auskunft über Rang, Herkunft und sogar über den Gemütszustand des Trägers. Interessant ist, dass vor allem bei den Männern die Körperbemalung verbreitet war.

Der Körperschmuck war strengen Regeln unterworfen und die Zeichen hatten ganz bestimmte Bedeutungen. Viele Motive zeichneten den Träger aus und durften nur von Personen verwendet werden, die sich das Recht erworben hatten, die Bemalung zu tragen. Nur würdige Stammesmitglieder durften sich bemalen. Männer, die ihre Tapferkeit weder im Kampf noch auf der Jagd unter Beweis stellen konnten, hatten kein Recht auf die Bemalung ihres Körpers und noch weniger auf die Bemalung des Gesichts. Daher galt ein ungeschmücktes Gesicht als große Schande.

Der Hautschmuck konnte gegenständlich oder rein ornamental sein. Die Stämme des Südostens beispielsweise schmückten den ganzen Körper mit Ornamenten. Die Muster waren häufig in Schmuckbändern angelegt. Oft waren die Körper vollständig mit Mustern bedeckt, so dass die ersten Einwanderer die Bemalung für Kleidungsstücke hielten. Bei anderen Völkern – etwa im Südwesten – wurden vielfach gegenständliche Bemalungen ausgeführt. Weit verbreitet war das Frosch- oder Eidechsenmotiv, das für Fruchtbarkeit stand.

Die Indianer verzierten ihre Körper mit Erd- und Pflanzenfarben. Die Bemalung mit Henna war unüblich.

Die Lithografie von 1835 zeigt den Häuptling der Fox-Indianer.

Nur sehr tapfere Indianer durften sich das Gesicht bemalen.

Dennoch eignen sich die Ornamente und Symbole der Indianer hervorragend für die Mehndi-Malerei. Der Rotton des Henna entspricht der wichtigsten Farbe der Indianer. Rot galt als heilige Farbe, stand für Triumph und Erfolg. Die Verwendung einer intensiven rötlichen Hennapaste sorgt deshalb für Authenziät bei einer Bemalung mit Motiven. Gerade die indianischen Ornamentbänder und Sternzeichen lassen sich in der Mehndi-Malerei hervorragend verwenden und sind zum Beispiel am Oberarm ein interessanter Eyecatcher.

Südamerikanische Indianer

Besonders bei den Bewohnern der tropischen Regenwälder Südamerikas war der Schmuck der Haut mit Farbe sehr bedeutsam. Die Bemalung der Haut war eine wichtige Art sich mitzuteilen und ist es bei den noch heute existierenden Indianerstämmen noch immer. Farben und Motive gaben und geben Auskunft über den gesellschaftlichen Rang des Trägers, den Anlass der Bemalung und – da sich die Bemalung von Männern und Frauen unterscheidet – über das Geschlecht.

Die Muster der südamerikanischen Indianer sind meist ornamental. Die Bandbreite der Gestaltung geht dabei von großflächiger Malerei bis hin zu fein ziselierter Ornamentik. Vor allem von den historischen Völkern Südamerikas wie den Inkas und Majas sind viele Ornamente und Zeichen überliefert, die sich hervorragend für die Mehndi-Malerei eignen.

Seit den Fünfzigerjahren hat das Interesse an der Kultur der Urbevölkerung des amerikanischen Kontinents stetig zugenommen. Hier deshalb einige Symbole, die sich für ein Mehndi besonders gut eignen.

Nicht nur bei den Stammestreffen schmücken die südamerikanischen Indianer ihre Körper mit Farben: Kayapo-Indianer in Altamira (Amazonasgebiet).

Muster nordamerikanischer Indianer (12–13. Jahrhundert)

Gecko

Walfisch

Muster nordamerikanischer Indianer (12–13. Jahrhundert)

Muster nordamerikanischer Indianer (12–13. Jahrhundert)

Roter Habicht
(21.03. – 19.04.)

Stör
(23.07. – 22.08.)

Elch
(22.11. – 21.12.)

Muster nordamerikanischer Indianer (12–13. Jahrhundert)

Biber
(20.04. – 20.05.)

Hirsch
(21.05. – 20.06.)

Specht
(21.06. – 22.07.)

Braunbär
(23.08. – 22.09.)

Rabe
(23.09. – 23.10.)

Schlange
(24.10. – 21.11.)

Schneegans
(22.12. – 19.01,)

Otter
(20.01. – 18.02.)

Puma
(19.02. – 20.03.)

MUSTER DER AZTEKEN

Vogelmotiv
(Mexico City)

Fischmotiv (Vera Cruz)

Schmetterlingsmotiv

Schmetterlingsmotiv

Der blaue Wurm (1)

Blumenmotiv (Texococo)

Chicahuastli

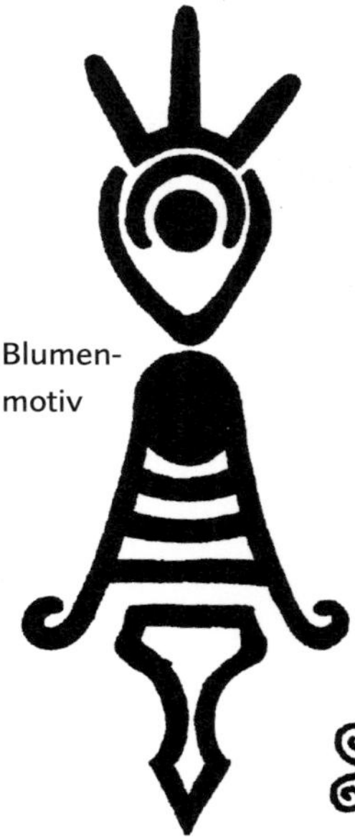

Blumen-
motiv

Hueitotollin
(Vera Cruz)

Blumenmotiv
(Texococo)

Der blaue Wurm (2)

Der blaue Wurm (Xonecuilli)

Meereswellen

Wegen ihrer Schönheit und Zeichenhaftigkeit eignen sich vor allem die Kalligraphien der Chinesen sehr gut für ein Mehndi. Hier ein paar Beispiele, die Ihr Interesse wecken sollen, selber nach chinesischen Symbolen und deren Bedeutung Ausschau zu halten.

Chinesische Schriftzeichen

In China hat die Körperbemalung als Ausdrucksmittel der berühmten Pekingoper eine mindestens 1000 Jahre alte Tradition. Bei dieser prächtigen Vorstellung werden in

Die maskenhafte Bemalung ist wichtiges Ausdrucksmittel der Pekingoper.

Tanz und Gesang, mit Akrobatik, Sprache und Pantomime das Leben und die Abenteuer alter Volkshelden vorgeführt, die auch heute noch fast göttlich verehrt werden. Man nimmt an, dass sich die Pekingoper aus alten kultischen Feiern ent-

wickelt hat. Mit schwarzen und weißen Gesichtsbemalungen sollten Gut und Böse dargestellt werden.

Im Laufe der Jahrhunderte wandelte sich die Zeremonie jedoch zu einem eher weltlichen Spektakel. Die Schauspieler trugen prächtige Kostüme und ihre Gesichter wurden auf kunstvollste Weise bemalt. Den Farben kam dabei ein wichtige Bedeutung zu. Rot beispielsweise war die Farbe der Treue und Standhaftigkeit. Schwarz waren die Gesichter derjenigen Spieler, deren Charakter für den Zuschauer als zu wild und ungestüm zu erkennen sein sollte. Ein gelbes Gesicht zeugte von der Verschlossenheit der Person. Blau symbolisierte Grausamkeit, Dämonen hatten grüne Gesichter. An derartigen Traditionen hält man auch heute noch fest.

Auch wenn sich die farbenprächtigen Gesichtsbemalungen der Pekingoper nicht für die Hennamalerei übernehmen lassen, kann man die Faszination für die jahrtausendealte Hochkultur Chinas in ein Mehndi übertragen.

K'an – Das Wasser

Tui – Der See

P'i – Das Zusammenhalten

Kuai – Die Entschlossenheit

Sheng – Das Emporkommen

Chung Fu – Die Innere Wahrheit

Lu – Der Wanderer

Kien – Das Schöpferische

Besondere Effekte lassen sich erzielen, indem manche Linien des fertigen Mehndi erneut mit Hennapaste nachgezogen werden. Die Paste wie gewohnt trocknen lassen und entfernen. Die mehrmals behandelten Stellen erscheinen dann auf der Haut dunkler.

Höhlenmalereien

Man vermutet, dass sich mit der Sesshaftwerdung der ersten Menschen auch die Kunst der Körperbemalung verfeinerte. In Südostal-

Erste Zeugnisse des Körperschmucks (Höhlenmalerei in Algerien).

gerien kann man noch heute erkennen, mit welchen Mustern die Menschen tausende Jahre vor unserer Zeitrechnung ihre Haut schmückten. Ob es sich dabei um Bemalungen mit mineralischen oder pflanzlichen Pigmenten handelte oder ob die Menschen die Farbstoffe bereits in die Haut einbrachten, lässt sich heute nicht mehr sagen.

Die Körperbemalung erfüllte nicht nur kultische Zwecke, sondern verlieh auch der Standes- und Stammeszugehörigkeit Ausdruck. Die Muster waren einfach, die meisten Malereien zeigen Menschen, deren Haut mit Punktornamenten, Strichen und Wellenlinien verziert ist. Unter den Höhlenmalereien findet man jedoch nicht nur Beispiele und Anregungen für die eigene Körperbemalung. Auch die Zeichnungen selbst können als archaisch anmutende Motive für ein Mehndi verwendet werden. Zeichnungen, die an die schlichte Kunst der Steinzeitmenschen erinnern, sind besonders gut zum Freihandzeichnen geeignet. Ihr Charme liegt gerade in der nicht völlig perfekten Geraden und in der Improvisation. Der Orangeton der Hennamalerei kommt dabei der bräunlichen Farbgebung vieler Höhlenmalereien sehr nahe, was den Figuren einen zusätzlichen Reiz verleiht.

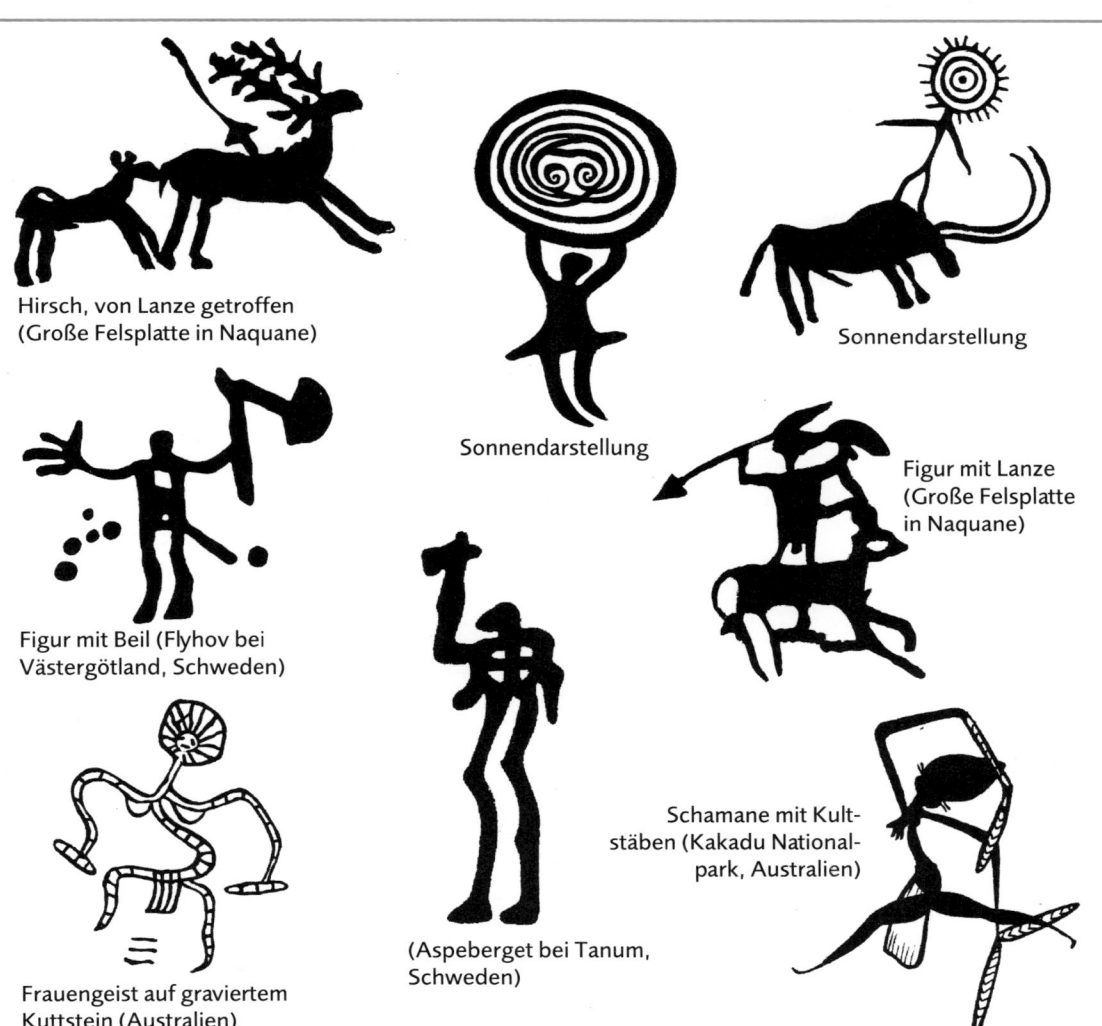

Hirsch, von Lanze getroffen
(Große Felsplatte in Naquane)

Sonnendarstellung

Sonnendarstellung

Figur mit Lanze
(Große Felsplatte
in Naquane)

Figur mit Beil (Flyhov bei
Västergötland, Schweden)

Schamane mit Kult-
stäben (Kakadu National-
park, Australien)

(Aspeberget bei Tanum,
Schweden)

Frauengeist auf graviertem
Kuttstein (Australien)

Celtic-Tattoos eignen sich besonders für Schmuckbänder. Achten Sie bei der Herstellung von Schablonen darauf, dass sie ausreichend lang sind, damit sie ohne Unterbrechung um Arm oder Bein gewickelt werden können.

Keltische Zeichen

Da die Kelten keine schriftlichen Zeugnisse hinterlassen haben, lässt sich ihre Geschichte und Kultur nur mit Hilfe mündlich überlieferter Mythen und anhand der Aufzeichnungen römischer und christlicher Geschichtsschreiber rekonstruieren. Die wichtigsten »Botschafter« der Kultur dieses Volksstammes sind jedoch die noch heute erhaltenen Kunstwerke.

Mit ihren ausdrucksstarken Mustern verzierten die Kelten nicht nur

Zeugnis keltischer Kultur in der angelsächsischen Buchkunst (Book of Kells).

Waffen, Gebrauchs- und Kunstgegenstände, sondern auch ihre eigenen Körper. Ob es religiöse Gründe für diesen »Schmuck« gab, ob die Körperbemalung Feinde abschrecken sollte oder ob sie lediglich dekorativen Nutzen hatte, lässt sich heute nicht mehr feststellen.

Muster und Farben

Die ausdrucksstarken und ungewöhnlichen Formen in ihrer Kunst sind mit Sicherheit einer der wichtigsten Gründe für das wachsende Interesse an keltischer Kultur. Filigrane, verschlungene Linien und Symbole sind ebenso ein Merkmal wie abstrakte Abbildung von Tieren, Pflanzen und Menschen.

Ein besonderes Kennzeichen der keltischen Muster ist ihre Symmetrie. Egal ob geometrische Formen oder verschlungene Spiralen: die meisten Bilder sind über eine oder mehrere Achsen gespiegelt und werden erst dadurch ein komplexes Ganzes.

Das wohl wichtigste Symbol der Kelten ist die Spirale, die die Unendlichkeit symbolisieren soll. Sie ist zugleich das Grundelement vieler anderer Zeichen. Noch komplexer erscheinen Flechtwerke, die mit großer Wahrscheinlichkeit den Kreislauf von Leben und Tod darstellen sollten. Solche geflochtenen Ornamente ließen sich einzeln aufbringen oder zu einem endlosen Band aneinanderreihen.

Das wohl beliebteste keltische Tiermotiv war der Vogel. Man nimmt heute an, dass die verschiedenen Vogelmotive (wie Adler, Schwan, Rabe und Eule) denselben Ursprung haben. Ihre Körper sind wie bei der Darstellung anderer Tiere und Menschen stark abstrahiert und ähneln den klassischen Flechtornamenten. Ebenfalls aus diesen Elementen baut sich der »Baum des Lebens« auf, dessen Darstellung in Buchmalereien und auf Skulpturen überliefert ist. Wenn auch die keltische Variation des klassischen Weinstockmotivs nicht weit verbreitet war, so eignet sie sich doch hervorragend als Mehndi-Schmuckband.

Die Kelten verwendeten für ihre Körperbemalungen Farben pflanzlicher und mineralischer Herkunft. Obwohl sie unterschiedliche Rohstoffe zur Herstellung der verschiedensten Farben kannten, nimmt man heute an, dass die am weitest verbreiteten Farbtöne Krapp (rot) und Waid (blau) waren. Bei der Gestaltung ihrer artifiziell verschlungenen (nicht nur Körper-) Malereien verwendeten die Kelten in der Regel maximal vier Farbtöne. Diese wurden jedoch mit großer Sorgfalt in Bezug auf ihre gegenseitige Kontrastwirkung ausgewählt.

Wer ein keltisches Muster als Mehndi auf die Haut malen will, kann versuchen, die unterschiedlichen Farben durch verschiedene Schraffuren zu ersetzen. Auf diese Weise lassen sich die optischen Täuschungen vieler Muster auch mit nur einer Farbe sehr gut nachahmen. Auch der wiederholte Auftrag von Hennabrei auf ausgewählte Linien und Flächen kann zu einem stärkeren Hell-Dunkel-Effekt führen.

Fein ziselierte, keltische Bronzefiebel (5. Jhdt. v. Chr.).

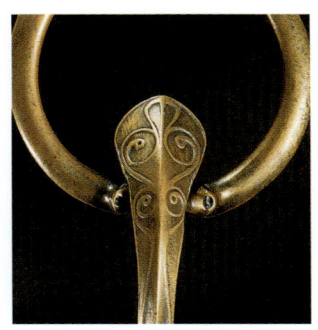

Teil eines keltischen Pferdegeschirrs (1. Jhdt. n. Chr.).

Sonne und Mond

Motiv eines
keltischen Stammes

Motiv eines
keltischen Stammes

Vogel auf Pferd, Münze des Turones

Parisii-Pferd, Goldstatur der Westkelten

Stier (Burghead, Schottland)

Adler mit Echse,
Münze des Camutes

Tierkreiszeichen

In Indien und Nordafrika haben Mehndis eine jahrtausendealte Ge-

Das astrologische Jahr beginnt mit dem Sternzeichen Widder am 21. März.

Die Darstellungen von Sonne und Mond sind eine wunderschöne Ergänzung für jedes Sternzeichen-Mehndi. Astrologisch werden sie jedoch nur dem Sternbild des Löwens (Sonne) und des Krebses (Mond) zugeordnet.

schichte. Aus diesen Regionen der Erde stammen unzählige traditionelle Motive. Aber nicht nur altüberlieferte Muster, Zeichen und Symbole eignen sich für Mehndis. Wer seine Haut mit einem dekorativen Bild schmücken will, findet in den Darstellungen der astrologischen Sternzeichen schöne Motive. Wohl seit ihren Ursprüngen versu-

chen die Menschen die Sterne zu deuten und in ihrem Lauf das eigene Schicksal zu erkennen. Eine besondere Rolle kommt dabei schon lange den Sternbildern des Tierkreises zu. Die Idee der Tierkreiszeichen hat ihren Ursprung vermutlich bereits in der frühbabylonischen Kultur. Auch Ägypter und Griechen kannten die Zeichen, bezeichneten sie jedoch teils unterschiedlich. Auch heute noch versteht die Astrologie die Tierkreiszeichen als Gestalttypen, die zwölf unterschiedlichen Menschentypen entsprechen und denen die Planeten sowie Sonne und Mond zugeordnet werden.

In der bildenden Kunst finden sich bis in die neueste Zeit zahlreiche Vorlagen für die Gestaltung eines Tierkreiszeichens. Man kann beim Entwurf eines persönlichen Mehndis aber auch eigene Ideen einfließen lassen. Sehr schön sieht es beispielsweise aus, wenn man das Bild in einen Kreis fasst und diesen mit Sonnenstrahlen oder einem Schmuckband umringt.

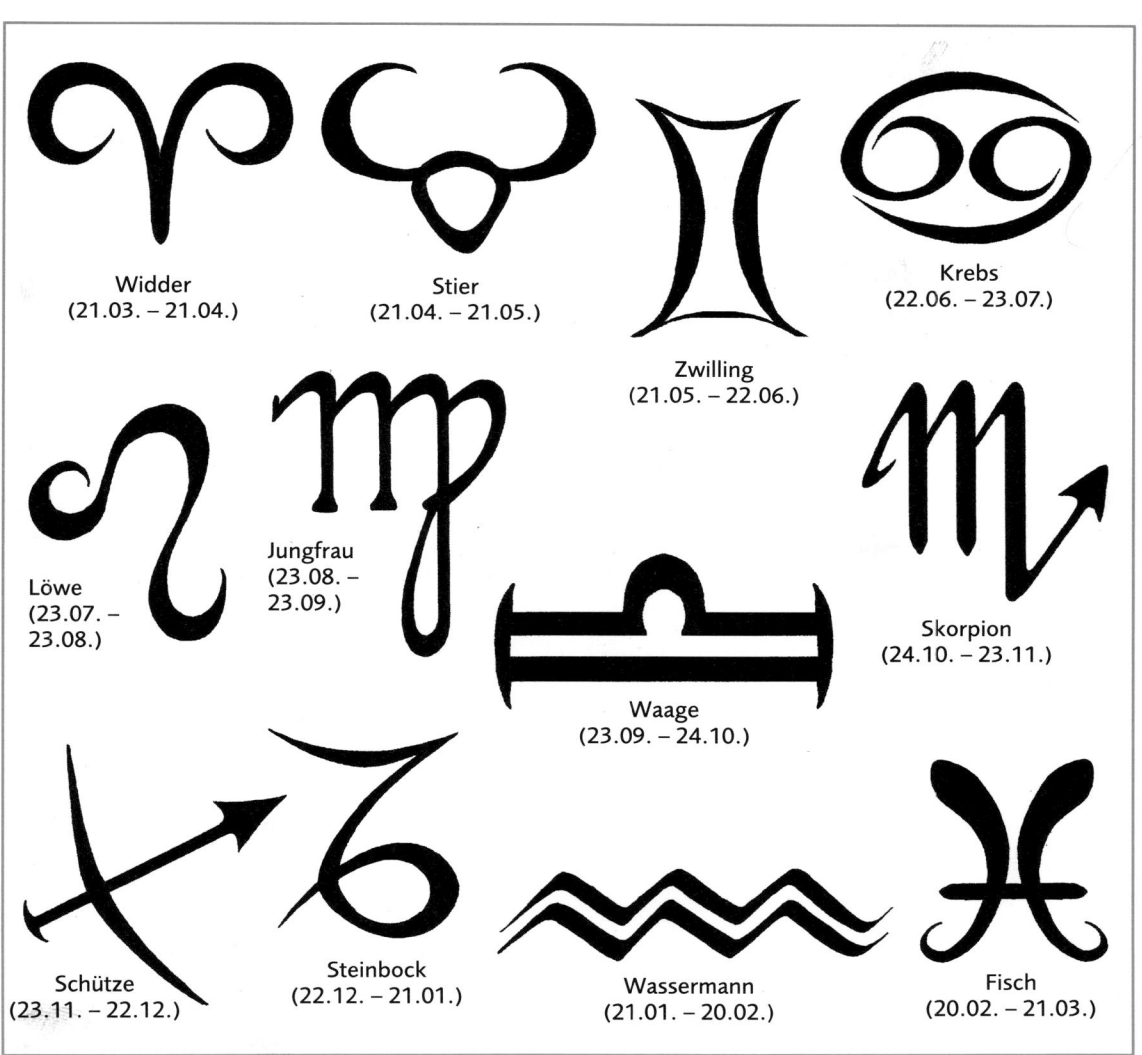

Widder
(21.03. – 21.04.)

Stier
(21.04. – 21.05.)

Zwilling
(21.05. – 22.06.)

Krebs
(22.06. – 23.07.)

Löwe
(23.07. –
23.08.)

Jungfrau
(23.08. –
23.09.)

Waage
(23.09. – 24.10.)

Skorpion
(24.10. – 23.11.)

Schütze
(23.11. – 22.12.)

Steinbock
(22.12. – 21.01.)

Wassermann
(21.01. – 20.02.)

Fisch
(20.02. – 21.03.)

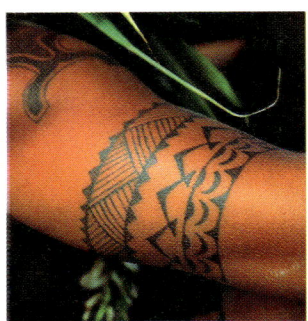

Ein tätowierter Reif schmückt den Arm eines Polynesiers.

Polynesier beim Anbringen einer Tätowierung (Kupferstich 1813).

Tribals

Mit »Tribal« (englisch »Stammes ...«) bezeichnet man eine Vielzahl von Motiven, die ihre Ursprünge in den Stammeskulturen der Welt, insbesondere der ozeanischen Völker haben. Sie eignen sich hervorragend für ein Mehndi, da sie in der Regel einfarbig und großflächig sind.

Polynesien

Wohl kein anderes Land Ozeaniens hat in der Kunst der permanenten Farbgestaltung des Körpers eine derartige Kunstfertigkeit erlangt wie Polynesien. Während Frauen meist nur im Gesicht, an Armen und Beinen tätowiert waren, überzogen die polynesischen Männer ihren gesamten Körper mit kunstvollen Mustern und Ornamenten. Aufwendige Muster zeugten von Wohlstand und sozialem Rang. Man erhoffte sich von ihnen Ruhm und Erfolg im Kampf, aber auch Glück in Liebesdingen. Da der polynesischen Mythologie zufolge den Menschen die Kunst des Täto-wierens von den Göttern gelehrt wurde, durften die Körperzeichen nur bei feierlichen Zeremonien und nur von speziell ausgebildeten Meistern in die Haut gebracht werden.

Die traditionellen Muster setzen sich aus vielen verschiedenen Ornamenten zusammen, die teilweise mit Schablonen auf die Haut übertragen werden. Jedes Ornament besteht aus mehreren Elementen, die auf unterschiedliche Art miteinander variiert werden können.

Diese Methode macht die polynesischen Tribals auch für die Mehndi-Malerei interessant. Durch die Kombination mehrerer Grundelemente lassen sich auch größere Hautflächen relativ schnell mit einem ausgefallenen und individuellen Muster überziehen.

Die Maori

Die Spirale ist das Grundelement, auf dem sich alle Tattoo-Muster der neuseeländischen Maori aufbauen. Die so genannten »moko« sind in ihrer Art einzigartig. Das Recht auf Tätowierung war nur Adeligen und

Freien vorbehalten, wobei Männer weitaus üppiger gezeichnet waren als Frauen. Am meisten Beachtung wurde der Verzierung des Gesichts geschenkt. Die gleichmäßig geschwungenen Linien wurden mit einem meißelähnlichen Instrument in die Haut geschnitten und dann dunkel gefärbt.

Trotz der Vergänglichkeit eines Mehndi sollte man es sich in unseren Breiten gut überlegen, das Gesicht vollflächig zu bemalen. Dennoch kann man sich von den großflächigen und dekorativen Maori-Mustern zu wunderschönen Malereien auf Händen und Schultern inspirieren lassen.

Japan

Die wohl auffälligste Besonderheit japanischer Tätowierungen ist ihre Buntheit. Inspiriert von den traditionellen Holzschnitten achteten die Tätowierkünstler ebenso auf ausgewogene Formen und Figuren als auch auf die Farbkontraste der einzelnen Elemente. Bei der Platzierung des Tattoos folgte man nicht nur ästhetischen Gesichtspunkten, sondern bedachte auch, wie sich die Bilder durch Muskelbewegung veränderten.

Die meisten der klassischen japanischen Motive sind von Tätowierern in der ganzen Welt übernommen worden. Abgesehen von ihrer Farbigkeit lassen sich die meisten Figuren auch für ein Mehndi verwenden. Die Schaufenster und Auslagen der Tattoo-Studios bieten beinahe unerschöpfliche Anregungen für jeden Mehndi-Künstler.

Das Wort »tätowieren« stammt vom taitianischen »tatau« ab, was ungefähr soviel bedeutet wie »Wunden schlagen«. Die Übersetzung lässt den Unterschied zur schmerzlosen Mehndi-Malerei erahnen.

Für den Gesichtsschmuck der Maorikrieger werden die Muster erst in die Haut geschnitten und dann gefärbt. Eine äußerst schmerzhafte Prozedur.

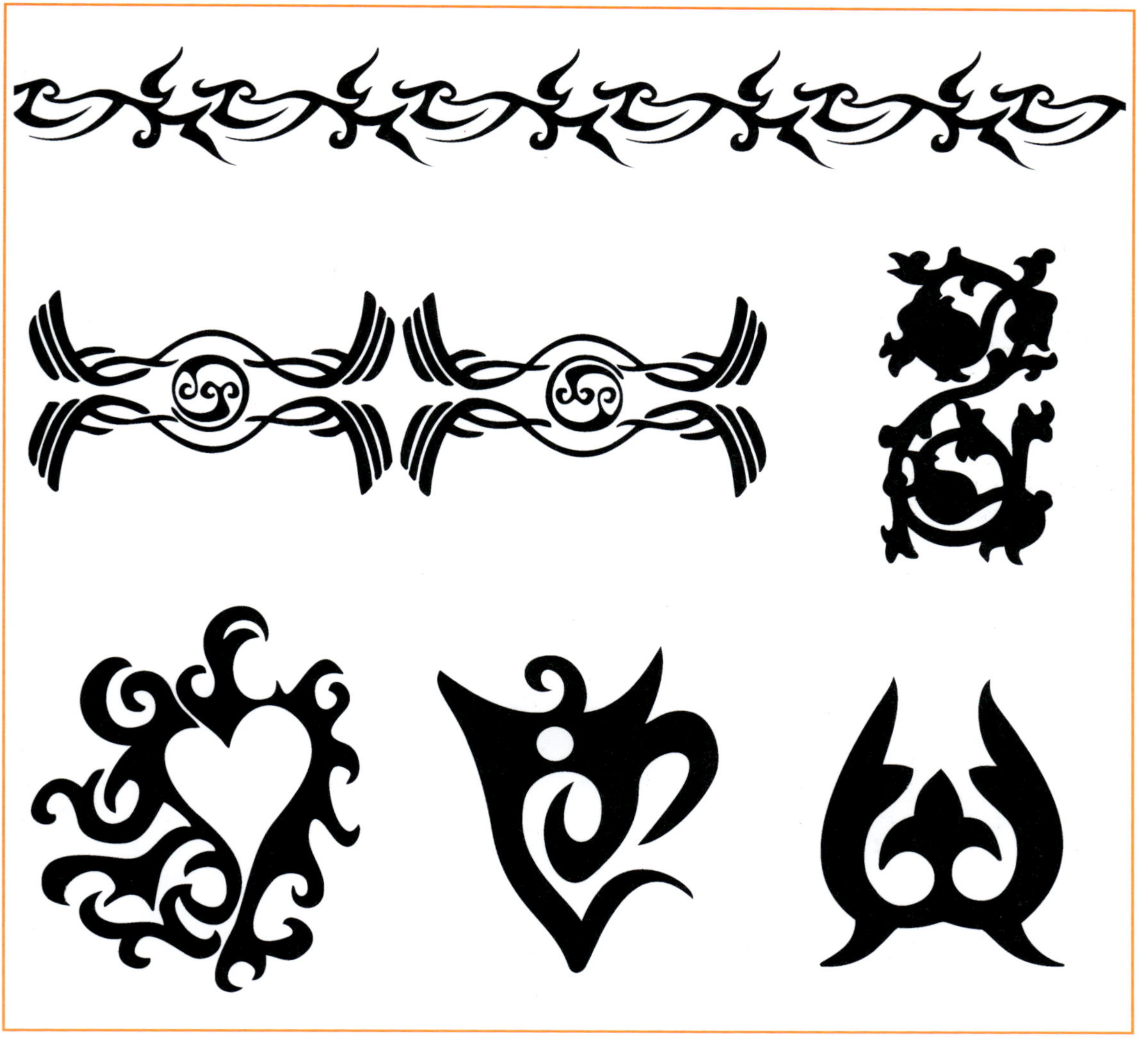

In den Ursprungsländern der Mehndi-Kunst glaubt man an die magischen Kräfte der traditionellen Muster. Die verschiedenen Zeichen sollen beispielsweise Erfüllung in der Liebe, Gesundheit und ein langes Leben oder Reichtum und Wohlstand bringen.

Glücksbringer

Ein Glücksbringer ist ein sehr persönliches Mehndi. Schließlich zeigt man damit jedem, was man mit einem so abstrakten Begriff wie »Glück« in Verbindung bringt. Andererseits kann das Motiv auch so verschlüsselt sein, dass seine Bedeutung wirklich nur dem Träger verständlich ist.

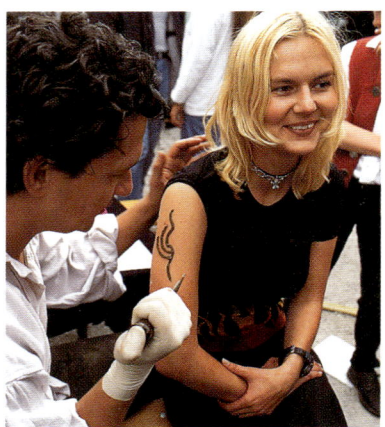

Oberarm und Schulterblatt sind beliebte Stellen für ein Glücks-Mehndi.

Verschiedene Motive

Natürlich ist das Angebot an geeigneten Motiven sehr groß. Kleeblät-

ter, Hufeisen und Käfer sind nur einige Symbole, die wohl jeder von uns sofort versteht. Doch mit diesen allgemeingültigen Glücksbringern ist es noch lange nicht getan. So wie jeder Mensch seine ganz persönliche Vorstellung von Glück hat, verbindet auch jeder unterschiedliche Erinnerungen, Bilder und Symbole mit diesem Gefühl.

Das schöne an einem Glücks-Mehndi ist, dass es sich wirklich zu jeder Gelegenheit tragen lässt. Nicht nur bei Prüfungen oder in schwierigen Situationen, auch im Alltag kann solch ein auf der Haut getragener Talisman Schutz und Geborgenheit vermitteln und den Träger an die kleinen Glücksmomente des Lebens erinnern.

Ein Glücks-Mehndi kann auf jede erdenkliche Art gestaltet sein. Ob filigrane Zeichen oder großflächige Muster, erlaubt ist alles, was den individuellen Vorstellungen entspricht. Auf der folgenden Seite sehen Sie einige Motive, die sich vom Laien wie vom Profi gleichermaßen verwirklichen lassen.

Vesta/Hestia: röm. und griech. Göttin des Herd- und Altarfeuers

Utchat: ägyptisches Symbol, schützt vor allem Bösen

Shiva: Gott der Zerstörung und Fruchtbarkeit

Kobra: ägyptisches Göttersymbol für Weisheit und Heilung

Kranich: chinesisches Symbol für langes Leben

Labrys: die Streitaxt der Amazonen

Schamane: bietet magischen Schutz

Aum: indische Meditationssilbe

Stier: Symbol für Kraft, Ausdauer und Fruchtbarkeit

Mehndi in der Gruppe

Machen Sie es wie in den traditionellen Mehndi-Ländern und laden Sie Freunde oder den Partner zur Hennaparty. Denn Mehndi verschönert nicht nur den Körper, sondern bietet auch die Mög-lichkeit, sich gegen-seitig auf eine neue Art kennen zu lernen.

ehndi ist keine Kunstform, der man sich allein in einem stillen Kämmerlein hingibt. Schon die großen Henna-Zeremonien in Indien und Marokko beweisen, dass zu einem Mehndi mehr gehört als Hennapaste und das Wissen und die passenden Muster. Für viele Frauen waren die Tage vor der Hochzeit die beste Gelegenheit, die neue Familie kennen zu lernen, entfernte Verwandte und alte Freundinnen wiederzusehen. Und die Sorge der Frauen galt nicht nur der Bemalung und Pflege der Braut. Sie wurde auch in die Geheimnisse der Liebe eingeweiht.

Das Aussehen eines Mehndi gab schon immer Auskunft über den sozialen Rang einer Frau. Nur reiche Frauen konnten es sich leisten, ihren Körper mit aufwändigen Mustern verzieren zu lassen – sei es im Alltag oder zu einem besonderen Anlass. Weniger wohlhabende Frauen hatten nicht die Zeit, ihre Haut üppig zu bemalen. Ihre Mehndis waren einfacher gestaltet. Auch

Die beiden Frauen haben sich für ein Fest zu Ehren ihres Sultans geschmückt (Oman).

Traditionelle Hochzeitszeremonie im indischen Rajasthan.

fehlte das Geld, sich von einer Mehndi-Künstlerin bemalen zu lassen. Man trug die Hennapaste entweder selbst auf oder ließ sich von einer nahen Verwandten helfen.

Auch in unserer modernen Zeit kann Mehndi noch einen Beitrag zur zwischenmenschlichen Beziehung leisten. Denn Mehndi ist eine extrovertierte Kunst. Mit dem bemalten Körper signalisiert der Mensch seiner Umwelt, dass er sich ihr gegenüber nicht verschließen will. Gefühle und Standpunkte sollen durch das Mehndi nach außen sichtbar werden, auch wenn sie nicht von jedem gleich verstanden werden. Die Kunst der Hennamalerei ist also ein Kommunikationsmittel, wenn auch ein weitaus subtileres als beispielsweise die Sprache.

Aber nicht nur das fertige Kunstwerk, auch der Schaffensprozess – das Mehndi-Malen selbst – fördert noch immer die Kommunikation und die Gemeinschaft. Das heißt natürlich nicht, dass man nicht in aller Ruhe und für sich ein Mehndi gestalten kann. Aber noch mehr

Spaß und Erfahrung bringt es, wenn man die Mehndi-Kunst im direkten Austausch mit anderen ausübt.

Mehndi mit Freunden

Das Malen mit Freunden ist eine der schönsten Möglichkeiten, die Mehndi bietet. In Amerika und England sind solche Hennapartys schon länger der letzte Schrei. Vor allem Freundinnen verabreden sich gerne, um sich mit voller Hingabe und in netter Gesellschaft der Verschönerung des eigenen Körpers zu widmen. Aber Mehndi ist keine reine Frauensache. Auch Männer können durch diese Kunst ihren Körper auf andere Art entdecken, schließlich gibt es viele Motive, die eine außerordentlich männliche Anmutung haben. Viele kreative und verrückte Ideen können entstehen, wenn sich Freunde zum Mehndi-Malen treffen. Eine solche Mehndi-Party ist natürlich besonders schön, wenn man sich an einem lauen Sommertag unter freiem Himmel im Garten trifft.

Aber auch der Stadtpark ist ein geeigneter Ort für das gemeinsame Malen. Gewiss wird es nicht lange dauern, bis sich weitere Menschen zur Gruppe gesellen, die zuschauen, Ratschläge erteilen oder sogar aktiv mitmachen wollen. Zu solch einem Anlass kann jeder seine eigenen Schablonen mitbringen. Wenn Sie viel Zeit haben, können Sie auch gemeinsam in Büchern oder Zeitschriften nach geeigneten Motiven suchen, die sich mittels einer einfachen Haushaltsfolie auf die Haut bringen lassen.

Besonders unterhaltsam ist es, wenn Ihre Freunde das Motiv für Ihr Mehndi aussuchen und umgekehrt. So ganz nebenbei erfährt man dann nämlich, wie man selbst auf andere wirkt. Denn schließlich soll das Bild auf der Haut ja auch immer ein wenig ein Abbild dessen sein, der es trägt. Bei allem Übermut sollten Sie jedoch bei der Motivwahl bedenken, dass das Mehndi zwar bereits nach wenigen Wochen wieder verschwunden ist, Sie sich jedoch in dieser Zeit wohl oder übel mit ihm abfinden müssen.

Wer eine Hennaparty in den eigenen vier Wänden veranstalten will, sollte genug alte Tücher bereitlegen, damit keine Hennaspritzer auf Boden und Möbel gelangen, wenn das große Malen beginnt. Die Flecken lassen sich kaum wieder entfernen. Zeitungen erfüllen zwar denselben Zweck wie Tücher, tragen aber nicht gerade zu einer gemütlichen Atmosphäre bei.

Kissen, Duftschalen und Kerzen verwandeln jeden Raum in einen Mehndi-Tempel.

Eine zärtliche Massage entspannt und stimmt auf die »Hennanacht« ein.

Mehndi in der Partnerschaft

Verfolgt man die Tradition der Mehndi-Malerei, stellt man fest, dass alle Völker sich nicht nur aus rituellen und magischen Gründen mit Henna bemalen, sondern vor allen Dingen aus erotischen und sinnlichen Gründen, beispielsweise vor einer Hochzeit. Zwar ist es in unseren Breiten eher ungewöhnlich, sich vor der Trauung mit aufwändigen Hennaornamenten bemalen zu lassen. Doch Mehndi bietet gerade all denjenigen eine Alternative, die ihre gegenseitige Liebe und die Hochachtung für das Hochzeitszeremoniell noch auf andere Weise nach außen tragen wollen als mit dem traditionellen Ehering.

Aber auch bereits bestehende Partnerschaften können durch Mehndi auf eine neuartige Art und Weise inspiriert werden. Mehndi ist im wahrsten Sinn des Wortes »berührend«. Immer mehr Paare entdecken deshalb Mehndi als Bereicherung ihrer Beziehung. Sanfte Berührungen und körperliche Nähe inspirieren und stimulieren die Sinne. Mehndi-Malen ermöglicht es, eine Symbol- und Bildersprache zu entwickeln, die zur Festigung und Intensivierung der Beziehung führen kann.

Es ist wichtig, sich auf so ein Beziehungsritual gut vorzubereiten. Lädt man seinen Partner oder seine Partnerin zu einem sinnlichen Mehndi-Abend ein, sollte man sich viel Zeit nehmen und dafür sorgen, dass man nicht gestört wird.

Schöne Musik, frische Blumen und erlesene Düfte tragen zur sinnlichen Atmosphäre ebenso bei wie süße Früchte, Pralinen oder andere kulinarische Köstlichkeiten. Vergessen Sie auch nicht, dass der vorbereitete Raum angenehm warm sein sollte.

Eine gemeinsame Dusche reinigt nicht nur die Haut, sondern ist auch eine schöne Einstimmung für den gemeinsamen Abend. Daran anschließend steigert eine gegenseitige Massage das wohlige Gefühl. Vielleicht entdeckt man schon

jetzt eine Stelle, die einem besonders gefällt und der man beim Bemalen besondere Aufmerksamkeit
schenken will. Kleine Kuhlen, sanfte Wölbungen und Kurven können
zu den schönsten Bildern inspirieren. Auch wenn in den traditionellen Mehndi-Ländern die Hennamalereien vorwiegend auf die
Gliedmaßen aufgebracht werden,
sollten Sie sich an diesem Abend
nicht auf diese Körperstellen be-
schränken. Suchen Sie sich ein besonderes Stückchen Haut für Ihr
Liebes-Mehndi aus. Lassen Sie sich
Zeit, genießen Sie die vorbereiteten
Köstlichkeiten und die gemeinsame
Vorfreude auf die anschließende
»Zeremonie«.
Hat einer von beiden eine Position
gefunden, in der er bequem die
nächsten zwei Stunden liegen
kann, beginnt die eigentliche
Mehndi-Zeremonie. Ist das Kunstwerk fertig, legt man eine Pause
ein. Man nimmt sich Zeit und lässt
die Paste trocknen. Erst dann
tauscht man Plätze und Rollen.
Ob sich die Partner anschließend

über das Erlebte austauschen oder
einfach still den nachschwingen-
den Zauber des Abends genießen
wollen, liegt ganz bei ihnen selbst.
In den folgenden Tagen und Wochen wird das Hennabild sie auch
dann noch an die schönen Stunden
erinnern, wenn die Erinnerung an
eine »normale« Liebesnacht vermutlich bereits verblassen würde.
Das Mehndi hilft Ihnen somit, sich
Ihrer Liebe auch im oft belastenden
und stressigen Alltag immer wieder
bewusst zu werden.

Verwenden Sie bei der Mas-
sage kein Öl. Die Haut muss
für die nachfolgende Bema-
lung völlig fettfrei sein, da
sonst die Farbe nicht in sie
eindringen kann. Wenn Sie
auf das wohlige Gefühl oder
den Geruch eines Massa-
geöls nicht verzichten wol-
len, sollten Sie anschließend
nochmals kurz duschen.

Ist man noch unschlüssig, wo man ein Mehndi aufmalen möchte, kann eine
Massage helfen, die richtige Stelle zu entdecken.

81

Bei Kindergeburtstagen bieten Mehndis eine willkommene Abwechslung. Da jedoch bestimmt nicht alle Eltern der kleinen Gäste mit einem Hennabild einverstanden wären, sollten Sie auf spezielle Tattoo-Stifte zurückgreifen. Sie lassen sich wie Filzstift anwenden und können am Abend mit Wasser und Seife wieder entfernt werden.

Mehndi für Kinder

Kinder lieben es, sich mit Filzstiften, Wasserfarbe und allem, was sie in die Hände bekommen, zu bemalen. Wer seine Sprößlinge in ihrer Kreativität bestärken und fördern will und ihnen Mut machen will, sich künstlerisch weiter zu entwickeln, kann sich ohne Bedenken der Mehndi-Malerei bedienen. Denn Mehndi ist nicht nur eine Kunst für Erwachsene, sondern auch eine herrliche Möglichkeit für Kinder, sich künstlerisch auszuprobieren.

Mehndi fördert das Sozialverhalten von Kindern, weil sie sich in den seltensten Fällen alleine bemalen. Viel mehr Spaß macht es schließlich, sich zu zweit oder in einer größeren Gruppen gegenseitig anzumalen. Da verzieren Kinder Kinder, Kinder ihre Eltern und Eltern ihre Kinder. Die Ergebnisse mögen mitunter nicht dem Kunstanspruch eines Erwachsenen genügen, doch darum geht es bei dieser spielerischen Auseinandersetzung mit Mehndi auch gar nicht. Den Kleinen soll es einfach Spaß machen, ihren eigenen und andere Körper zu erforschen und die Vielfalt der Mehndi-Muster zu entdecken.

Hennamalerei auf der eigenen Haut fordert und fördert Kinder ganz anders als herkömmliches Malen mit Farbe und Papier. Da man beim Mehndi-Malen nicht herumtoben kann, da die Paste sonst verschmiert, lernen die Kinder ganz nebenbei still zu sitzen und ihren Körper ruhig zu halten. Damit das dem Kind nicht zu langweilig wird, sollten Eltern sich selbst die Zeit nehmen, diese Ruhephase gemeinsam mit dem Kind zu verbringen. Bei einer spannenden Erzählung wird dann das Warten wie im Fluge vergehen.

Wer seine Kinder mit Mehndi vertraut machen will, darf sie nicht unter Leistungsdruck setzen. Kinder brauchen Freiraum zum Experimentieren, auch wenn das Resultat bei den ersten Versuchen vielleicht lediglich eine rötlich braun verschmierte Körperstelle ist.

Mit der Zeit merken und lernen Kinder, dass es Ruhe, Aufmerksamkeit

82

und Konzentration bedarf, um mit Mehndi etwas »Schönes« zu gestalten. Das ist nicht zuletzt deshalb wichtig, da das Mehndi auch ein paar Wochen Bestand hat, anders als Bilder, die mit Filzstiften gemalt wurden.

Dennoch brauchen Kinder beim Mehndi-Malen mehr Pausen als Erwachsene. Sie sollten sich zwischendurch bewegen können, damit die Lust nicht vergeht. Eltern sollten deshalb ein bisschen darauf achten, dass sich die kleinen Künstler nicht zu große und schwierige Motive vornehmen, deren Gestaltung sie überfordert. Gut ist es auch, wenn die bemalten Stellen während des Trocknens geschützt werden können. Bedecken Sie dazu das Mehndi vorsichtig mit Watte, die zuvor in einer Zucker-Zitronensaft-Mischung getränkt wurde. Wickeln Sie nun eine Lage Haushaltsfolie um die entsprechende Körperstelle und fixieren Sie zuletzt die Folie mit einem Streifen Klebeband. So verpackt können sich die Kinder ungehindert bewegen.

Beliebte Symbole für Kinder
Ob Schmetterlinge, Blümchen, Sterne, Delphine oder Seepferdchen, es gibt zahlreiche Motive, die Kindern besonders gut gefallen. Die Kinder können sie je nach Alter und Erfahrung selbstständig mit Schablonen oder freihändig auf die Haut malen. Probieren Sie es einfach aus. Viel Spaß!

Da Kinderhaut meist sehr empfindlich ist, sollte zuerst an einer versteckten Stelle getestet werden, wie sie auf das Henna reagiert. Auf die Zugabe scharfer Öle sollte generell verzichtet werden.

83

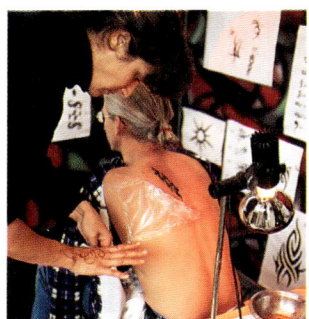

Ein Profi muss die Wünsche seiner Kunden kennen.

Auch wenn Sie sich professionell mit Mehndis beschäftigen wollen, dürfen Sie Wünsche, deren Erfüllung Sie sich (noch) nicht zutrauen, ablehnen. Versuchen Sie in so einem Fall, den Kunden von einem anderen Motiv oder einer anderen Körperstelle zu überzeugen. Kommt es zu keiner Einigung, sollten Sie mit gutem Gewissen auf den Auftrag verzichten können.

Vom Laien zum Profi

Obwohl der Westen keine eigene Mehndi-Tradition hat, beginnen auch hier immer mehr Menschen mit Henna zu malen. Immer mehr Kosmetikerinnen, Tätowierer und Künstler betreiben die Mehndi-Malerei professionell und bieten ihren Kunden die verschiedensten Motive an. Gerade die Tattoo-Shops haben erkannt, dass für viele Menschen ein Mehndi ein Einstieg in die Welt der Körperbemalung sein kann und dass viele Kunden sich später möglicherweise für ein »echtes« Tattoo entscheiden.

Aber nicht nur Profis können mit Mehndi Geld verdienen. Das wichtigste Kapital eines professionellen Mehndi-Malers ist es, ein gutes Gespür für Menschen zu haben. Wer in einen so intimen Kontakt mit ihm fremden Menschen tritt, muss sich darüber bewusst sein, dass diese Menschen ihm sehr viel Vertrauen schenken.

Menschen zu berühren und ihr Aussehen längerfristig zu verändern, bedarf größter Sensibilität.

Der Profi spricht deshalb ausführlich mit seinen Kunden und gibt ihnen das Gefühl, dass sie bei ihm in den besten Händen sind. Die wenigsten Erstkunden kommen mit einem ganzen bestimmten Motivwunsch. Gerade wenn ohne Vorlage gearbeitet werden soll, ist es wichtig herauszufinden, was der Kunde wirklich wünscht. Viele Erstkunden entscheiden sich ganz spontan für ein Mehndi, daher hat man als Künstler eine große Mitverantwortung für das Ergebnis. Jetzt müssen Einfühlungsvermögen und Kreativität unter Beweis gestellt werden.

Gute Beratung ist auch dann wichtig, wenn in Fußgängerzonen, Einkaufszentren und auf Festivals gemalt wird. An diesen Orten kann es schnell zu Unzufriedenheit kommen, vor allem dann, wenn der Kunde nicht ausreichend über die Dauer der Aktion informiert wird. Vielleicht hat er ja noch andere Pläne oder Verabredungen, die er durch die lange Trockenzeit nicht einhalten können wird.

84

Kinder, die ohne ihre Eltern erscheinen, sollten nicht bemalt werden. Mehndi ist zwar ungefährlich und verschwindet nach einiger Zeit wieder, dennoch gibt es Eltern, die es nicht wollen, dass ihre Kinder mit einem solchen Schmuckstück nach Hause kommen. Letztendlich wird es im Streitfall der Künstler sein, den man zur Verantwortung zieht, da Kinder noch nicht geschäftsfähig sind.

Grenzen erkennen

Ein professioneller Mehndi-Künstler wird immer wieder mit Kundenwünschen konfrontiert werden, die von ihren eigenen Vorstellungen eines gelungenen Mehndi abweichen. Dann ist es wichtig, seine eigenen Grenzen zu kennen. Nicht alles was gewünscht wird, sollte auch erfüllt werden. Dies gilt insbesondere für Bemalungen im Intimbereich oder im Gesicht. Die Haut an diesen Stellen ist nicht besonders gut für Hennabemalungen geeignet, die Färbewirkung ist deshalb sehr schlecht.

Ob man als Profi mit selbst gebastelten Spritzbeuteln, Plastikfläschchen, Stäbchen oder Spachteln arbeitet, hängt sowohl von der Technik als auch von dem jeweiligen Motiv ab. Es erfordert stets sehr viel Konzentration und kann vor allem bei großen Veranstaltungen extrem anstrengend sein. Manchmal ist der Andrang so groß, dass man mehrere Stunden am Stück malen muss, um alle Kunden zufriedenzustellen. In solchen Fällen ist es nicht auszuschließen, dass sich die Malhand zunehmend verkrampft. Kurze Pausen nach jedem Kunden sind deshalb äußerst wichtig. In diesen Erholungsphasen sollte man unbedingt die Hände entspannen und Fingerübungen machen. Kleine Pausen sind aber auch deshalb unvermeidbar, damit Sie sich in aller Ruhe auf die nächste Person einstellen können. Schließlich hat auch der letzte Kunde individuelle Fragen und Wünsche, die Sie ihm ebenso professionell beantworten und erfüllen sollten wie dem ersten Kunden.

Da man Spritztüten während des Arbeitens ständig drücken muss, können die Hände mit der Zeit zu schmerzen beginnen. Auch eine verkrampfte Handhaltung führt zu Verspannungen. Hier helfen technische Geräte wie eine Membranpumpe, mit der sich das Henna fast wie mit einem Stift auftragen lässt.

85

Die häufigsten Fragen zu Mehndi

Wollten Sie schon immer wissen, wie sich das Verblassen eines Mehndi möglichst lange hinauszögern lässt? Und

was ist eigentlich Schwarzes Henna? Auf den folgenden Seiten werden viele wichtige Fragen beantwortet.

Auch Schwitzen in der Sauna, beim Sport oder beim Sonnenbaden fördert eine nachhaltige, tiefe Färbung.

Vor allem Neulinge auf dem Gebiet der Mehndi-Malerei haben viele Fragen. Aber auch diejenigen, die sich bereits mit Mehndi auseinandergesetzt haben, stoßen immer wieder auf Probleme, die sie beheben wollen. Im Folgenden soll versucht werden, die häufigsten Fragen zu beantworten und so die Lust an der Mehndi-Kunst noch zu steigern.

Wie lange hält die Farbe?

In der Regel bleibt ein Mehndi zwischen sieben und 21 Tagen auf der Haut sichtbar. Die Qualität und Haltbarkeit hängt dabei von verschiedenen Faktoren ab.

Faktor Zeit

Die Haltbarkeit ist vor allem davon abhängig, wie lange die Paste auf der Haut bleibt. Das Minimum beträgt 60 Minuten. Um ein besonders lang haltendes Mehndi zu bekommen, sollte die Paste zwei bis zwölf Stunden einwirken. Zwischendurch immer wieder mit Zucker-Zitronensaft-Lösung beträufeln.

Faktor Henna und Hennapaste

Es gibt unterschiedliche Hennasorten, mit denen sich verschiedene Resultate erzielen lassen. Es wird in jeden Fall davon abgeraten, Henna für Haare zur Mehndi-Malerei zu verwenden, da seine Farbkraft zu gering ist. Mit frisch zubereiteter Paste erhält man in der Regel die besten Ergebnisse. Aber auch fertig angerührte Pasten hinterlassen haltbare Mehndi.

Faktor Hautreinigung und -pflege

Um so schärfer die Seife ist, die zur täglichen Reinigung der Haut verwendet wird, desto schneller verblasst die Farbe. Auch Chlorwasser, Sonnenöl und alle Arten von Bodylotion verkürzen die Haltbarkeit eines Mehndi. Eine gute Feuchtigkeitscreme kann die Farbwirkung dagegen verlängern.

Faktor Wärme

Die Hennapaste sollte stets bei warmen Temperaturen auf die Haut aufgetragen werden. Durch die

Wärme öffnen sich die Poren und die Farbe kann besser in die Haut eindringen. Im Sommer setzt man sich zum Malen am besten in die Sonne. In kühleren Jahreszeiten tut ein Heizstrahler gute Dienste. Man sollte jedoch darauf verzichten, das Mehndi mit einem Fön zu erwärmen. Er trocknet die Paste zu schnell ab, die Farbkraft sinkt.

Damit die Hennapaste nicht zu schnell abtrocknet, betupft man sie zwischendurch mit einem in Zucker-Zitronensaft-Mischung oder in Mehndi-Öl getauchten Wattebausch.

Gibt es verschiedene Hennafarbtöne?

Bei natürlichem, unbehandeltem Henna wird der Farbton des Mehndi stets orange bis dunkelbraun. Etwas dunkler wird der Farbton, wenn man das Hennapulver mit starkem Kaffee oder Tee anrührt. Auch durch die Zugabe von tanninhaltiger Flüssigkeit kann der Farbton verändert werden. Auf Seite 26f. finden Sie eine Liste von Zu-

satzstoffen, mit denen sich die Farbwirkung verändern lässt.

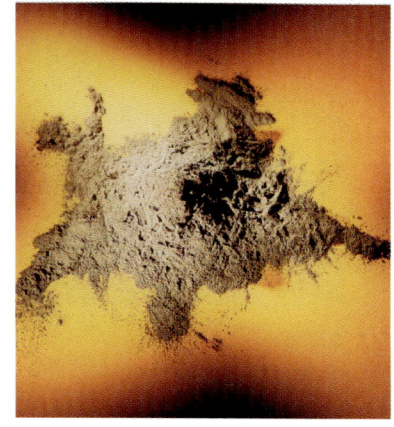

Schwarzes Henna ist kein Naturprodukt und enthält chemische Zusätze.

Was ist Schwarzes Henna?

So genanntes Schwarzes Henna enthält immer chemische Zusätze. Diese können in einigen Fällen zu allergischen Reaktionen führen. Man sollte das Schwarze Henna daher auf keinen Fall ohne vorherigen Allergietest auftragen. Dazu streicht man ein wenig Schwarze Hennapaste hinter das Ohrläppchen oder in die Armbeuge. Nur

So genanntes Schwarzes Henna enthält oft hoch giftige Zusätze, die heftige Hautreaktionen auslösen können. Wenn Sie ein besonders dunkles Mehndi haben wollen, sollten Sie lieber versuchen, den Farbton der »normalen« Hennapaste durch starken Kaffee, Walnussschalen oder Indigo zu verstärken.

89

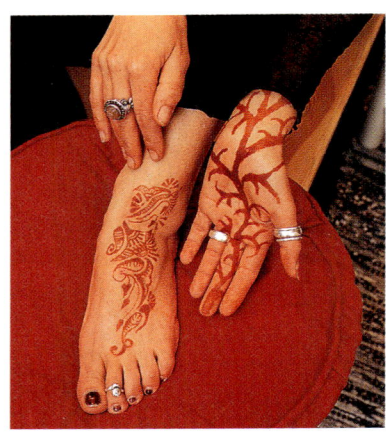

An Händen und Füßen bleiben Mehndis besonders lange sichtbar.

Wer seine Hände mit einem Mehndi verziert, sollte darauf verzichten, auch die Fingernägel mit Henna zu bemalen. Da Nägel nur sehr langsam nachwachsen, dauert es etwa sechs Monate, bis die Farbe wieder verschwindet.

wenn es innerhalb der nächsten 48 Stunden nicht zu unangenehmen Reaktionen oder Hautrötungen kommt, darf man das Henna für Mehndi benutzen. Menschen mit empfindlicher Haut sollten generell vom Gebrauch absehen.

Wie verblasst die Farbe schneller?

Da bei Mehndi die Farbe in die Haut eindringt, muss man Geduld haben, bis sie wieder restlos verschwunden ist. Auf jeden Fall hilft es, die bemalten Hautpartien oft mit Seife zu waschen und mit einem Waschlappen abzurubbeln. Auch Chlorwasser schwächt die Farbe. Trotzdem muss man damit rechnen, dass das Kunstwerk 5 bis 15 Tage zu sehen sein wird.

Kann man Henna auf alle Körperstellen auftragen?

Als Faustregel gilt: Je dicker die Hautschicht, auf die die Hennapaste aufgetragen wird, desto länger bleibt die Farbwirkung erhalten. Hände – vor allem die Handinnenflächen – und Füße eignen sich daher am besten zur Bemalung. Hals und Nacken sowie der gesamte Kopf eignen sich dagegen am wenigsten für ein Mehndi, da die Haut dort die Farbe am schlechtesten aufnimmt. Auch von Bemalungen im Genitalbereich ist abzuraten. Denn an diesen Stellen müsste die Farbe mehrere Stunden einwirken. Vorsicht auch rund um die Augen: Gelangt die Hennapaste ins Auge, kann dies zu schweren gesundheitlichen Schäden führen.

Wie lange kann man die Hennapaste aufheben?

Fertig gekaufte Hennapaste in Tuben ist etwa drei bis sechs Monate haltbar. Angebrochene Tuben legt man am besten in den Kühlschrank. Eine selbst angerührte Paste sollte innerhalb von zwei Tage verbraucht werden. Während dieser Zeit bewahrt man sie ebenfalls im Kühlschrank auf.

Egal ob Fertigprodukt oder selbst gemacht: Vor dem Gebrauch muss die Paste mindestens auf Zimmertemperatur angewärmt werden.

Wie entfernt man Patzer?

Hennapaste färbt auf der Haut sofort. Zwar ist die Färbung nach so einem kurzen Zeitraum nur ganz schwach, dennoch können die scharfen Kontraste eines Motivs verloren gehen. Ausrutscher beim Auftragen müssen deshalb so schnell wie möglich mit einem stumpfen Messer, einem Zahnstocher oder einem Wattestäbchen entfernt werden. Zitronensaft hilft, letzte Reste zu entfernen.

Wie entfernt man Hennaflecken?

Henna zählt zu den am stärksten färbenden Substanzen der Welt. Hennaspritzer müssen sofort mit lauwarmem Wasser ausgespült werden und mit einem Fleckentferner behandelt werden. Trotzdem lassen sich die Flecken leider nur in den seltensten Fällen wieder vollständig entfernen.

Beim Auftragen von Henna ist deshalb äußerste Vorsicht geboten. Sicherheitshalber deckt man die Umgebung mit alten Handtüchern oder Zeitung gut ab und schützt die Kleidung mit alten Tüchern. Noch besser ist es, ein ausrangiertes T-Shirt und eine alte Hose zu tragen, solange die Hennapaste auf der Haut ist.

Warum wirken Mehndis auf Bildern dunkler?

Auf vielen Abbildungen sehen Mehndis beinahe schwarz aus. In den wenigsten Fällen liegt das daran, dass Schwarzes Henna verwendet wurde. Meist werden sol-

Tipp:

Ist eine Linie besonders krumm geworden, ziehen Sie links und rechts davon je einen Strich und füllen den Zwischenraum mit Hennapaste. Die Linie ist jetzt zwar etwas breiter, dafür aber ganz gerade.

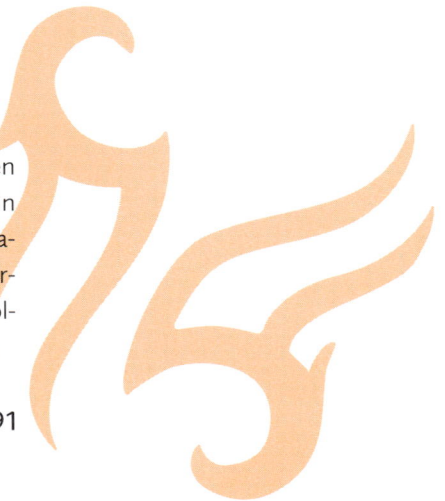

91

Tipp:

Eine große Fläche füllt man am besten mit parallelen Linien. So vermeidet man, dass man beim Arbeiten versehentlich bereits aufgetragene Hennapaste mit der Spritztüte wieder wegkratzt.

che Fotos aufgenommen, wenn die Hennapaste noch auf der Haut ist. Da die Paste dunkler ist als die spätere Färbung, ist das Motiv sehr viel deutlicher zu erkennen. Vor allem bei Schwarzweißaufnahmen hebt sich die rotbraune Färbung des Mehndi zu wenig von der Haut ab.

Gibt es neben Henna noch andere Naturfarbstoffe?

In vielen Ländern werden für die rituelle Körperbemalung mineralische Farben verwendet. Einige Völker vermengen beispielsweise unterschiedlich getönten Lehm oder mischen die Erde mit tierischen oder pflanzlichen Ölen.

Wird etwa das Öl der Podai-Nüsse mit Kohlenstaub vermischt, erhält man eine intensive schwarze Farbe. Kaolin, Mehl, Kreide und Muschelmehl verwendet man für weiße Farbe. Die Indianer Brasiliens mischen aus dem Saft des Genipa-Baumes und Holzkohle eine blauschwarze Farbe. Will man den Körper mit Farben schmücken, die sich mit Wasser und Seife wieder restlos entfer-

nen lassen, empfehlen sich Farben auf Wasserbasis, wie man sie zum Bodypainting benutzt.

Was verbindet Mehndi und Tattoos?

Was Hennamalereien und Tätowierungen verbindet, ist die Tatsache, dass sie das Erscheinungsbild der Haut verändern. Der größte Unterschied: Das Mehndi verblasst, das Tattoo dagegen bleibt.

Überall auf der Welt gibt es unterschiedliche Arten der Körpermalerei. Je nach Kultur, sozialer Stellung oder finanzieller Mittel variieren die verwendeten Materialien. Auch die Entscheidung für ein temporäres oder permanentes Tattoo hängt von den genannten Faktoren ab. Geschlechterspezifisch betrachtet sind mehr Männer als Frauen tätowiert. Bei Mehndi verhält es sich genau umgekehrt. Doch die Zahlen nähern sich immer mehr an.

Und es gibt einen weiteren Unterschied. Während die Kunst des Tätowierens vor keiner Körperstelle halt macht, konzentriert sich die traditionelle Mehndi-Malerei vor allem auf Hände und Füße. Doch auch hier findet ein Wandel statt und immer mehr Körperteile werden mit Henna bemalt.

Wie werde ich professioneller Mehndi-Künstler?

Wer mit Mehndi sein Geld verdienen will, muss weder eine spezielle Ausbildung absolvieren noch eine Prüfung ablegen. Anders als beim Tätowieren wird die Haut nicht verletzt und selbst schlecht aufgetragene Werke verblassen nach kurzer Zeit. Mehndi kann also zu keinen bleibenden körperlichen Schäden führen.

Wie so oft, fällt auch beim Mehndi kein Meister vom Himmel. Man darf nicht vergessen, dass in den ursprünglichen Mehndi-Ländern die Frauen oft viele Jahre lernen, bis sie wirkliche Künstlerinnen sind. Sicherlich ist es nicht von Nachteil, wenn Grundwissen in Malerei, Make-up oder Visagistik vorhanden ist. Mit Geduld und Talent kann es jedoch auch der zu einem gewissen Standard bringen, der aus einer völlig anderen Berufssparte auf die Mehndi-Malerei stößt. Letztlich wird erst der Kunde entscheiden, wie die Arbeit bewertet wird.

Für welche Fertigpaste entscheide ich mich?

Achten Sie darauf, wo die Hennapaste hergestellt wurde und ob alle Inhaltsstoffe deklariert sind. In Deutschland hergestellte Pasten sind indischen in jedem Fall vorzuziehen, da letztere meist unter extrem niedrigen hygienischen Bedingungen hergestellt werden. Deutsche Pasten sind nicht nur hygienisch einwandfrei, sondern haben auch kürzere Vertriebswege. Sie sind also nicht nur haut-, sondern auch umweltfreundlicher. Darüber hinaus kann man grundsätzlich davon ausgehen, dass die Färbewirkung einer Hennapaste um so intensiver ist, je frischer die Paste und das darin verwendete Pulver ist. Sie sollten also beim Kauf auch auf das Herstellungsdatum schauen.

Tipp:
Um zu verhindern, dass die Spitze der Spritztüte aufplatzt, können Sie sie mit einem Streifen Klebeband verstärken. Auf die gleiche Art lässt sich auch ein zu groß geratenes Loch an der Spitze der Spritztüte wieder verkleinern.

Ganz gleich für welches Produkt Sie sich entscheiden: Die Hennapaste darf auf keinen Fall in offene Wunde, an Schleimhäute oder in die Augen gelangen.

93

Impressum

Der Südwest Verlag ist ein Unternehmen der Verlagshaus Goethestraße GmbH & Co. KG.
© 1999 Verlagshaus Goethestraße GmbH & Co. KG, München
2. Auflage 1999

Redaktion
S. Riedmüller
Projektleitung
Sylvia Wohofsky
Redaktionsleitung
Nina Andres
Bildredaktion
Sabine Kestler
Umschlag/Layout
Manuela Hutschenreiter, München
DTP/Satz
Veronika Moga
Produktion
Manfred Metzger (Leitung), A. Aatz, Dr. E. Weigele-Ismail
Druck
Color-Offset, München
Bindung
R.Oldenbourg, München

Printed in Germany
Gedruckt auf chlor- und säurearmem Papier

ISBN 3-517-07819-0

Über den Autor

Rainer Krettek lebte lange in den Vereinigten Staaten und in Indien und studierte dort intensiv die mystischen Schulen der verschiedenen Epochen. 1993 gründete er die Firma Mitras Magic Market, die sich mit Ursprung, Bedeutung und Anwendung altertümlicher Symbolik beschäftigt. 1998 eröffnete er im Centro Oberhausen sein erstes Mehndi-Studio.

Danksagung

Mein Dank für die Unterstützung bei der Entstehung dieses Buches gilt: Christina Kupferschmidt für ihre unerschöpflichen Energie und künstlerischen Begabung beim Erstellen der vielen Motive und Grafiken; Sylvia Becker für ihre Mitarbeit beim Thema Mehndi und Kinder; Susanne Krischka für ihre konstruktive Kritik und Inspiration; allen Mitarbeitern von Mitras Magic Market, die mich immer unterstützt haben wenn es mal eng wurde; Sylvia Wohofsky und Nina Andres, die mit ihrer offenen und vertrauensvollen Art viel zum Gelingen des Buches beigetragen haben; und allen Freunden und Klienten, die mit ihren Fragen und Anregungen mir ständig neue Aspekte der Mehndi-Kunst erschlossen haben und mich immer wieder vorangetrieben haben weiter zu forschen.

Hinweis

Das vorliegende Buch ist sorgfältig erarbeitet worden. Dennoch erfolgen alle Angaben ohne Gewähr. Weder Autor noch Verlag können für eventuelle Fehler oder Schäden, die aus den im Buch gegebenen praktischen Hinweisen resultieren, eine Haftung übernehmen.

Bildnachweis

AKG, Berlin: 4 o., 50 o., 60, 61 (2) (Werner Forman), 66, 68 u.; Bildarchiv Rainer Binder, München: 11; Das Fotoarchiv, Essen: 9 li. (Victor Englebert), 37 o. (Henning Christoph), 38 o., 45 o. (Johann Scheibner), 44 (Nik Wheeler), 51 (Claus Meyer), 78 u. (Andreas Riedmiller); Heuer Frank, München: 5, 74, 84, 90; Kempen van, Evelyn: U1, 1, 20, 21, 23, 24 (2), 32 (3), 35 (3), 36, 76, 77, 80 (2), 81, 86, 87; Krettek Rainer, Bottrop: 12 o.; laif, Köln: 6 (Gernot Huber), 9 Mi. (Michael Riehle), 19 (Axel Krause), 69 (C. Emmler), 78 o. (Conrad Piepenburg); Südwest Verlag, München: 89 (Matthias Tunger); Tony Stone, München: U4 (Nicholas DeVore), 4 u., 17 Mi. (Paul Harris), 7 (Glen Allison), 9 re., 45 u. (Art Wolfe), 12 u. (Robert Van Der Hilst), 13 (Andrea Booher), 17 li. (Joel Simon), 17 re. (Nadia Mackenzie), 38 u. (Christine Hanscomb), 50 u. (Ernst Haas); Transglobe, Hamburg: 37 u. (Sipa-Press), 58 (N.N.), 68 o. (Anders Ryman); Visum, Hamburg: 48 (Tomasi Tomaszewski), 56 (Gisela Scheidler)

Illustrationen

Bettina Hansen (31, 40-43), Christina Kupferschmidt (46/47, 49, 52-55, 59, 62-65, 67, 70-73, 75) und Xiu Zhen Kong (57).

Literatur

Barbieri, Gian Paolo: Tahiti Tattoos, Taschen, Köln 1998.
Bear, Sun: Dancing with the wheel, Fireside 1992.
Campbell, Joseph: The Mythic Image, Princeton University Press, Princeton 1988.
Conway, D.J. : The Ancient & Shining Ones, Llewellyn Publications, St. Paul.
Edwardes/Garret: Mughal Rule in India, Oxford University Press, New York 1930.
Gröning, Karl: Geschmückte Haut, Frederking & Thaler, München 1997.
Gupta, Seema and Savita: Modern Mehandi, Manoj Pocket Books.
Meyer, Laure: Kunst aus Afrika, Terrail, Paris.
Roob, Alexander : Alchemie & Mystik, Taschen, Köln 1993.
Walker, Barbara: Woman's Dictionary, Castle Books 1995.
Wilkinson, Richard H.: Reading Egyptian Art, Thames und Hudson, New York 1994.
Williams, C.A.S.: Chinese Symbolism and Art Motives, Tuttle, Tokyo 1989.
Wilson, Colin: Das Okkulte, Fourier, Wiesbaden 1995.
Zimmer, Heinrich: Myths and Symbols in the Indian Art and Civilization, Princeton University Press, Princeton 1992.

Register